这一站，香港

香港学前教育多面观

卞娟娟　著

安徽师范大学出版社
·芜湖·

图书在版编目(CIP)数据

这一站，香港：香港学前教育多面观 / 卞娟娟著. — 芜湖：安徽师范大学出版社，2017.12
ISBN 978-7-5676-0878-8

Ⅰ.①这… Ⅱ.①卞… Ⅲ.①学前教育－教学研究－香港 Ⅳ.①G619.286.58

中国版本图书馆CIP数据核字(2017)第290998号

这一站，香港——香港学前教育多面观　　卞娟娟◎著

责任编辑：李　玲
装帧设计：任　彤
出版发行：安徽师范大学出版社
　　　　　芜湖市九华南路189号安徽师范大学花津校区
网　　址：http://www.ahnupress.com/
发 行 部：0553-3883578　5910327　5910310(传真)
印　　刷：浙江新华数码印务有限公司
版　　次：2017年12月第1版
印　　次：2017年12月第1次印刷
规　　格：700 mm × 1000 mm　1/16
印　　张：13
字　　数：252千字
书　　号：ISBN 978-7-5676-0878-8
定　　价：79.80元

序　一

卞娟娟老师是我的朋友，也是一名有着丰富教学经验的幼儿园教师，我曾应邀两次点评过她执教的科学活动。去年她入选“内地与香港教师交流及协作计划”赴香港交流一年。回来之后，她便向我奉上一卷厚厚的文章。我在有幸提前拜读文稿的同时，也义不容辞地接下了写序的任务。

我对香港，对香港幼教，乃至对这个交流及协作计划，都怀有特殊的个人感情。十年前我去香港大学求学时，刚好是香港教育局尝试推行与内地幼儿园教师交流及协作计划的时候。印象中第一批内地教师全部来自江苏，和我比较相熟。同在异乡的我们也便经常走动，到了周末，我常常从西环坐巴士到湾仔，品尝幼儿园老师们的私房菜。也因为这些教师的关系，我结识了不少香港的幼儿园教师，参访了一些香港幼儿园，对香港幼教有了一些直观的认识。

因为一些原因，香港幼教的发展并不尽如人意。例如，幼儿园课程过于强调读、写、算等小学化内容，教师受到的专业训练特别是在职培训不够，对教学法的研究亦不如内地教师精深。但是我也看到香港幼教有很多优点，如教师和孩子说话的语气很亲和、很真实，完全没有内地教师常见的那种表演性语言；幼儿园服务家长的意识、政府服务幼儿园的意识都很强。由此看来，内地和香港的幼教实在有必要相互了解、相互学习、相互帮助。

卞老师的这本书可以说为两地幼教老师的相互了解、相互学习、相互帮助开启了一个生动的窗口。我深知她在香港工作的强度非常大，每天早出晚归地奔赴不同的学校。在这样繁忙的工作中，她仍有心观察和思考，特别是以一个内地幼教工作者的眼光，比较两地的幼儿教育。例如，香港幼儿园高效利用空间为孩子创设学习和游戏空间，创作性戏剧教育促进全人发展的教育价值取向等，都是内地幼教值得借鉴之处。又如，在课程游戏化、教与学的关系处理和把握等方面，她基于内地经验提出了自己的改进建议。更可贵的是，她的很多思考已经超越了教育层面，而达到社会层面和文化层面。

我相信这本书对于内地广大幼教工作者来说，不仅是了解香港幼教的窗口，也是了解香港及其文化的窗口。我也极力推荐香港的幼教同行来读一读此书，看一看内地幼儿园教师对香港幼教的印象。交流促进相互间的理解，也促进对自身的反思。不同社会、文化之间如此，教育亦如此。是为序。

香港大学博士
南京师范大学教科院学前教育系副教授
南京鹤琴幼儿园园长
张　俊
2017年11月

序　二

在一个多元的社会中生存，就需要我们以多视角去了解世界。今天的学前教育已逐步呈现百花齐放的状态，各种理念、各种课程不断地向我们涌来，我们必须用一种开放的心态去接纳、去汲取有价值的信息。卞娟娟老师利用外派香港工作一年的机会，以一个幼教工作者的视角向我们介绍了香港学前教育的点点滴滴，如香港幼儿园办学理念与体制的多样性；学前教育的历史沿革、发展及未来的趋向；香港特别行政区政府对教育，特别是学前教育的支持策略；香港幼儿园的课程发展及改革等。从她的字里行间，我们还了解了香港学前教育的生态和特点，比如：从三篇“牵着你的手一起走”的文章中，我们看到了香港学校、教育主管部门等对融合教育的认同，香港建立起了一整套比较科学、完整且富有人情味的特殊儿童支援系统。再比如，卞老师从她驻校开展各领域的校本研修指导中，肯定了香港幼儿园在普通话教育、艺术教育、体育教育、儿童戏剧教育以及区域活动、校本课程建设等方面的做法，同时也提出了中肯的改进建议，这些建议反映了一个内地幼教工作者的专业性。

这本书讲述的是学前教育，但同时也让我们了解了香港的历史与文化，我们可从中汲取很多有价值的信息。比如，《站在孩子的立场上》一文中谈到了香港幼儿教师尽量根据孩子的学习特点来教授语文，这令我们对香港幼儿园特别强调读、写、算等过于小学化倾向的固有认识有所改观。结合《香港的“催谷文化”》一文来看，这种过于小学化倾向的教育现象是有其原因的，但香港的幼教工作者在他们的专业范围内逐步实践着

“儿童为本”的教育理念。又如，书中谈到的“幼小衔接”“西方文化、传统文化、民俗文化对课程的影响”等问题，都是值得两地幼教工作者深入探讨和研究的专业课题。他山之石，可以攻玉，相信卞老师汲取的这些经验，必将成为她专业成长及带动学校甚至是区域学前教育发展的“新养分”。

另外，我还想说说这本书背后卞老师的付出。她被派驻香港工作一年，一年的时间其实很短，香港又是一个极有吸引力的地方，如果不下决心，不用心去体会，不用时间换取文字，根本不可能写成厚厚的一本书。我打心底佩服她，她的视角、她的理解、她的文字，很打动我，也让我很感慨——后生可畏！

让我们一起来细细品读这本书，读读香港学前教育对我们的启示，读读卞老师对学前教育的理解，共同体会一个幼教工作者的努力和艰辛。

浙江省特级教师
浙江师范大学杭州幼儿师范学院副院长
王　芳
2017年11月

写在前面

有人说，人的成长在于经历，因为经历是生活经验，是人生旅途中的足迹，是生命的过程，是一种财富。所以，我用文笔记录下我在香港一年工作、学习、交往及生活的经历。也许我不揣浅陋，但这是我生命中的一段成长故事，写给自己，可以审视我专业与做人的成长；供人参阅，可以分享我的经历与体会……

2016年8月至2017年8月，我参加了由教育部与香港教育局共同合作、教育发展基金资助的“2016—2017学年内地与香港教师交流及协作计划”。这个计划旨在促进两地基础教育的交流与协作，推广校本教研文化，共同探讨提高教育水平的模式和策略。此次赴港的内地教师共40名，分别来自全国15个省市，涵盖初中、小学、幼儿园三个学段共七个学科，其中中学历史老师今年是首次赴港参加此计划。

我们赴港的幼教老师共12名，是来自吉林、黑龙江、甘肃、山西、浙江、江西、湖北、湖南、福建、广西壮族自治区等十个省（自治区）的幼儿园园长及骨干教师。幼教老师到香港后归属于香港教育局质素保证及校本支援分部的幼稚园校本支援组，与本组的香港同事一样，开展校本课程到校支援工作。我们每人被安排分管五所坐落于香港不同区域的幼儿园或幼儿中心，也就是说，每个人都是单人独马面对五所学校，一对一地与幼儿园开展校本课程开发与校本教研的合作。

每天，我带上笔记本电脑和自己做的盒饭，挤地铁，乘巴士，换乘多种交通工具赶往驻校。一天的工作就是与该校教师共同审议校本课程，完善校本课程，开展观课、评课、教研、校本培训等活动。而且每天将工作内容及成效写成报告，向幼稚园校本支援组的官员（称为“课程发展主任”）汇报，与他们一起评估学校教育质量现状，以便为各个学校质素提高及个性化发展制订更为适当的支援方案与策略……所以，本书中记录了我对五所幼儿园为期一年交流指导的心路历程，也记录了我与香港幼儿园校长、教师及教育局官员合作共事的所思所想，并以香港学前教育指导工作为基点，反观本土学前教育，互通互鉴两地的幼教理念与做法，阐述了促进儿童学习与发展的观点。

在香港期间，幼稚园校本支援组每月为我们设置了“专业发展日”，所以我有缘访问了八所各种类型的学前教育机构，如不同性质的幼儿园和幼儿学校、育婴学校、特殊教育服务中心、学前资源服务中心等。透过这八所机构，我以感性的文字、理性的思考揭示了香港学前教育的总体现状和特点。另外，特别感谢香港教育研究发展中心詹华军总监和朱兴强主任，他们既妥善安排好我们的生活，又带领我们参观了香港话剧团、中国人民解放军驻香港特别行政区部队、中央人民政府驻香港特别行政区联络办公室、香港交易及结算所有限公司、饶宗颐文化馆……在远离家人的节假日，留任的刘春景、秦艳玲老师指引我们走进香港文化博物馆、中央图书馆、地质公园和美丽的海岛，让我们深入感受香港的人和事……有了这些丰富的见闻，我尝试将学前教育放在文化大背景下来思考，把语言、历史、文化、建筑等，融进对香港学前教育的理解中。所以，这一年也是我教育与文化之旅的“行思合一”。

本书共分为三个篇章，一是基于驻校工作及参观学习的“学校教育多面观”，二是基于香港文化现状的“学前教育外围观”，三是附录。如果您有缘阅读了本书，请通过我的视角，比较两地学前教育现状，感悟促进学前儿童发展的基本规律与教育理念，从图文之间，透视香港学前教育现状的根源。

著　者

2017年10月

Contents
目 录

学校教育多面观

学前教育外围观

附 录

学校教育多面观

小天地里大空间

香港地域有限，人口密度在东南亚排名最高，是世界城市排名第三。这种高密度的人居环境很大程度上决定了城市住宅的风格与取向：楼宇间距狭窄，阳台是居民住宅的奢侈品，室内窗户狭小但数量较多……作为社区配套必不可少的设施——幼儿园，建筑面积只有三四百平方米的学校比比皆是。校园面积的捉襟见肘与香港特别行政区政府的办园硬性空间要求是突出的矛盾，香港幼儿园的校长和老师们，为了能让空间在合规的基础上最大化满足幼儿成长及活动的需要，真可谓殚精竭虑。在我看来，这场"以小博大"的长期战斗中，充分显现了香港幼教人的专业与智慧。

多变的空间分割。走进多所香港幼儿园，和内地幼儿园相比，我觉得最为不同的就是香港幼儿园室内空间可根据需要不断变化。空间面积忽大忽小，房间形状或方或圆，你今天看到的也许与昨天不一样，下午看到的也许和上午都不同。教室、辅助用房如此多变的秘密在于，除了房屋最周边的建筑墙外，室内其实大多是"假墙"：有半通透的折叠门当做活动室与午睡室的隔断墙，有一直连通至天花板的橱柜作为不同班级之间的阻隔墙，还有用形似升降幕布的大布块作为遮挡墙。有一次救世军白田幼儿学校暨育婴园的老师邀请我在周六做一个关于传统艺术渗透于美术课程的工作坊。活动前一周，校长征求我的意见时说，救世军团体其他幼儿园的老师也想来参与工作坊，问我是否同意。我当然乐意啦，只是纳闷这么多人学校有容纳的地方吗？校长神秘一笑。活动当天，忍不住好奇心的我早早到校，发现原来我平时粗心未能留意到，朝北的三个教室其实是可以连通的，阻隔在班级之间的是一个巨大的双面橱柜，而我一直以为是一个普通的与整面墙等大的柜子。现在想来，怪不得这个与墙一般大的柜子在不同教室里的放置方向相反。当这个大柜子分作两半横向移至教室前后，嗬，三个教室连成的是一个不小的会议室，几十人再加上按我要求摆放的十几张操作桌，空间仍绰绰有余啊。因需而变，灵活分割，每一个空间不必固定命名，在分合之间将空间用到极致。

为救世军白田幼儿学校暨育婴园教师做工作坊（专题讲座）

与救世军白田幼儿学校暨育婴园教师合影

重叠的区域用途。在参观圣雅各福群会铜锣湾幼稚园时，学校梁校长说的一句话令我印象深刻。她说："我们的空间实在是太小了，所以每一个区域、每一样物品的存在，如果只有单一的用途，那么这个区域、这样物品的设置就太奢侈了，也说明其价值没有发挥到最大。"因为她这句话，我对香港幼儿园那些满满当当、花花绿绿的墙面布置、天花板吊顶等产生了一些认识。因为，哪怕一面不大的校园公用墙，都既是学校文化与德育教育的载体，也是让家长了解学校特色与近况的窗口，还是体现师幼共同活动轨迹的展览地，更是学校办学理念和特征的标志物。

圣雅各福群会铜锣湾幼稚园

区域及物品融汇多种用途的例子，在香港幼儿园中实在太多了，佳宝幼稚园美孚正校门厅处的“多元智能巴士”是一个典型。这辆巴士乍一看与幼儿园里的活动器械类似，由滑梯、攀爬架等组合而成，但该园却糅合发挥了德、智、体、群、美五育功能，使它既是孩子游戏玩耍的场所，也是开展多种教育教学的工具。巴士头部的电子显示屏，每天会更新日期、天气、温度的图文，显示名言警句等，这是师幼一天上、下午两次全校集会的必修课。幼儿从电子显示屏获取每日最新信息，认识日历与天气，感受实际生活与文字的对应，激发科学认知及语文学习的兴趣并获得德育教育。下雨天，这里是孩子开展运动的场所，他们可以综合练习攀登、爬、平衡、钻等多种动作。自由游戏时间，这里是模拟巴士运营的角色扮演角，孩子们模拟巴士司机与乘客的各种社会活动，获得交往的快乐及群体意识的发展。巴士上还安装了故事、音乐的播放器和可供孩子使用的对讲机，所以这里也是阅读、语言交流和开展中英文对话、益智练习的学习之地。我想，如果这辆玩具巴士有灵魂的话，他每天无数次伴随孩子，或疾如风，或徐如林，他是学校教育史的见证者，也一定是佳宝幼稚园全人教育最合格的老师。

扁平的使用管理。香港幼儿园中任何空间、区域、物品都不是某位老师或某个班级固定使用的，这与部分内地学校班级财产至少使用一年，年末进行清点交接是有极大区别的。你看，香港幼儿园中哪怕一个教室，至少也要供上、下午两个不同年龄班使用，有时候还要作为放学后的兴趣教学点。不同的人、不同的时间，却要在同一个空间或同一样物品中交汇，这就需要极为清晰的管理意识和科学的管理手段。香港幼儿园一般都会设有“校务处”，有一至数名工作人员，该处既有学校老师，也有办学团体、机构派驻到学校的人员，以保证在节假日也能运作。校务处的工作集财务、后勤、接待等多项事务于一体，是学校每日正常运作的“心脏”。所以，关于学校空间设施及物品的使用，一般都由校务处统筹安排，遇到特殊事件，再向校长请示做出决策。学校的课程发展主任一般也归属于校务处，这样设置的好处就是，他能将课程进度及教育教学活动的安排与校务处空间、物品的统筹安排进行对接，使得后勤统筹工作为日常教育教学服务。班级教室一般安排两名教师，上午主配班教师与下午主配班教师的身份互换，两名教师根据校务处的统筹安排，将不同年龄班级对同个教室、物品的使用做好分配与交接工作。这种紧凑、干练的扁平化管理模式，为学校精简了很多人力和时间，提高了工作效率，也使得管理和使用非常清晰。

在人口稠密、寸土寸金的香港，幼儿园的校长和老师们基于专业角度采取多种智慧策略，充分发挥有限空间里的无限潜能。这既解决了幼儿成长过程中必须面对的空间要求，也符合香港这个集约型城市的主流诉求，体现了人性化和环保化。

幼教人的多元文化视野

香港是一个中西方文化的交汇地，这座城市最大的特色便体现在，其既有中国的传统精粹，亦相容西方的文化特质。在香港，除了华人之外，还有许多的菲律宾人和欧洲人等。走在街头巷尾，身处车厢码头，你时常会遇到不同肤色、不同种族、不同语言的人，这些被称为香港少数族裔的群体，在幼儿园或幼儿学校中占到了总幼儿人数的7%，离岛、湾仔、中西区等区域的幼儿园里尤其多。

同为香港人，但不同民族、族裔、文化传统的香港人，他们的经历不同，价值观、文化认同等也不同。全球化背景下的香港，各种文化类型的融合与冲突成为一种文化遭遇。任何香港人都不能回避这场遭遇，而应该努力使文化的"融合"与"冲突"更加适恰与唯美。所以香港的幼儿教师，尤其要具备跨越文化边界的教育视野，要懂得在教育过程中反映世界的完整图景。

在我看来，多元文化教育的首要前提是，你必须发自内心地具有一种"宽容精神"。我国著名人类学家费孝通先生提出的"各美其美、美人之美、美美与共、天下大同"就是这种"宽容精神"的基本诠释。当我每一天踏入驻校的幼儿园，看到站在学校门口的校长与老师，用不同的语言向上学的每一个孩子问候，尤其是会蹲下身子和少数族裔孩子有更多亲切的交谈与安抚时；当我看到狭窄的教室中开辟的小小一角，为刚入园的非华裔儿童放着他们熟悉的物品或照片时；当我看到教师工作的案头，摆放着香港教育局编写的两本基本教材《少数族裔儿童之上学、乐学、会学》和《照顾差异　促进共融——支持非华语儿童的经验》时，我感受到了这种“宽容精神”体现在每一个日常的细节之中。

其次，对文化多样性的理解与了解，保证不同民族自我意识的发展，是多元文化教育中不可或缺的基本素养与技能。大多数香港幼儿园半日制的模式，从某种程度上让非华语儿童可以有更多的时间在家庭或族群中学习民族语言和文化等。当然，幼儿园的教师们在日常的课程及教学进度中，也有意识地照顾到非华语儿童的民族文化学习需求。这也许对本身就是全科教学的幼儿教师来说，意味着要学习更多的其他民族基础知识，但是这无疑能增强少数族裔儿童对本民族文化的认同感，并在群体中获得他人的接纳与尊重。

再者，还应懂得关注儿童发展的文化安全，以代际相传的方式传承中华民族文化，将凸显民族文化的教育内容，融入各个领域和学科中。通过中华传统节日及其习俗，认识自然节气，感知家族观念、民族团结，学习人际礼法等，在香港学前教育中越来越受重视。为使非华语儿童更好地融入香港生活和今后踏入社会，老师们不遗余力地针对不同族裔的特点，帮助他们学习粤语和中文，了解中华文化与习俗。

最后，维护和促进多族裔儿童之间互动，培养孩子在多元文化群体中的人际交往能力，使其萌发全球意识，促进群性发展，是多元文化教育的最终归宿。联合国教科文组织21世纪教育委员会就曾倡导：教育的使命就是使学生懂得人类的多样化，让他们认识到地球上所有人之间具有相似性而且相互依存。当你看到教师刻意地分组是为了增加华语儿童与非华语儿童的交往与了解机会时；当你了解到图文并茂，涵盖“沟通”“探问”“鼓励”“欣赏”四个主题的《非华语家庭沟通卡》是为了借助家庭的力量帮助少数族裔儿童提高交往主动性时……你就会更好地理解“美美与共、天下大同”的含义。

教师的视野决定了教育的视野，宽容的、理解的、多元的、开放的、融合的视野境界，就一定能实现“专注自己、关怀他人、理解世界”的多元文化教育价值诉求。

菲裔孩子和华裔孩子一起玩中国传统玩具

站在孩子的立场上

在我印象当中，香港的教育很“香”，为了让孩子在香港上幼儿园，家长们不惜“全家总动员”，一口气申请多所学校以便能争得为数不多的学习名额，还要让孩子参加入学前的培训班以求孩子能在面试中脱颖而出……一些已经在香港上学的孩子，有可能还要每天在奔波中过着双城生活……

一幕幕如此热衷的画面，其背后的原因是什么呢？家长是冲着什么而来的呢？有人说香港“两文三语”（中文和英文，粤语即广东话、英语和普通话）的语言环境好，孩子可以学习多种语言，尤其是英语。也有人说香港是一个多元化的地方，幼儿教育也是百花齐放，因此能够找到更适合自家宝贝的个性化教育。还有人说是因为香港自2007年开始推行学券计划，根据这一计划，被评为符合资格参加学前教育学券计划的学童，会获得香港学资处发出的“学券计划资格证明书”，在符合资格的幼儿园内就读可获得学费资助，等等。

但深入走近香港的幼儿园或幼儿学校，你会发现很多孩子经常需要花大量的时间学习英语、广东话、普通话、数学等，从低班（中班，四周岁）开始还要书写文字、做数学题。家长们也热衷在节假日把孩子送入各式各样的培训班。这些林林总总在内地幼儿园被视为“小学化倾向”的现象在香港却普遍存在。这种普遍现象的背后当然有其社会、政治、经济等多方面原因，大家也仿佛明白幼儿教育的目的是什么，但却抵制不了“小学化”的冲击。加之香港人口密集度高，竞争压力大，家长总是希望自己的孩子能够赢在起跑线上。因此，上述现象在香港也就不足为奇了。

爱伦·凯在《儿童的世纪》一书中强调了两点，一是“面向未来的意志”，二是“孩子固有的世界”。把社会期待、家长需求、生存需要等化为一条条目标付诸到我们这些幼教从业者身上的时候，我们需要叩问自己的是：我们该怎样教育孩子？站在谁的立场上进行教育？

驻校时在幼儿园看到的一个教育案例让我印象深刻。那周星期六是国庆日，高班（大班，五周岁）的孩子需要认识并书写“中国”两个字。当时我就很吃惊，“国”的繁体字有十一笔，书写太难了。这位老师在上课的前几天，已经在教室里展示了多张“中国”文字卡片，尤其是繁体的“国”字，是用十一种不同的颜色书写的，一个笔画一种颜色，写得特别大。当天的中文课上，老师给了孩子一些彩色木棒，长长短短，每套正好十一种颜色。好些孩子兴致盎然地拿了木棒拼摆起来，有些孩子在同伴身边观看。其实每根小木棒的不同色彩以及长度，已经恰到好处地对应了“国”这个字的每一个笔画，幼儿在拼摆的过程中，需要探索的是这些笔画所在的空间方位，为书写积累经验……

这个案例给了我坚定的答案：站在孩子的立场上进行教育，这是毋庸置疑的。任何人对被教育者的期待，不是把他（她）造就得和自己一般模样，而是尊重孩子的特点，理解孩子的特质，用生机勃勃的活动方式，让孩子在游戏中、操作中和亲身体验中获取知识和经验，感悟做人的道理。

香港教育局为此也在近几年出台了一系列措施与服务内容，如对幼儿正式书写的年龄做出了规定，建议四周岁以下的孩子不要过早进行书写练习。又如出版了《幼小衔接多面睇》免费发放给幼儿园、家长及社会人士，用图文并茂的方式，阐述了“幼小衔接”的本质是发展孩子相关的核心能力，培养着眼于一生发展的意识与习惯，并用比较的方式列举了学前阶段和小学阶段在学习环境、课程编排、教学模式、社交关系等多个方面的不同及孩子需要适应的关键事宜。

我们必须认识到，孩子不是我们可以随意训练的对象，向孩子心灵深处那平静水面上所投的一粒粒小石子，都会泛起波及其一生的涟漪。正如爱伦·凯在《儿童的世纪》中一开始就写到的："面向未来的意志"的力量隐藏在孩子的本性中，孩子所有的顽皮和淘气都将产生出善，顽皮和淘气中包藏着不会损坏的种子。

香港私立幼儿园“私”在哪里

香港幼儿园名称之长，在我还未到香港之前就早有耳闻。为什么学校名称如此复杂呢？这与学校性质是私立的不无关系。一般学校名称最前面署名的是举办学校的团体，有志愿团体，如保良局、东华三院等；有宗教团体，如圣公会、救世军等；还有独立的教育机构，如维多利亚机构、太阳岛等。学校名称中间一般是出资人、捐赠者的姓名，如吴国伟、邓杨咏曼等。学校名称最后面是学校所在的地域、屋邨等的名称。比如“保良局田家炳兆康幼稚园”就是一个有举办志愿团体、出资人及所在社区的幼儿园名称。也有一些学校如“救世军白田幼儿学校暨育婴园”“钻石山灵粮堂幼稚园”，只体现了幼儿园所在地域和举办团体的名称。所以说，校名已经足以反映香港幼儿园都不属于政府公立学校，都是按教育条例注册的私营机构。

学校日常运营管理是私化的。截止到2017年，香港共有1000多所幼儿园或幼儿学校（以下统称幼儿园），且全部属于私营机构。这些园所中，既有大机构、大集团旗下的多园区集团化办园模式，也有小型独立的幼儿园。但不论哪种学校，“校董会经费筹办、校监监督管理、校长负责日常运营”的主导管理模式是类似的，因此，这就使得学校在经费使用、制度建设、师资培养、设施设备创建等方面相对比较自由，可以按照各个集团或学校的特点、需求与教育愿景，体现自己的运作、管理模式和机制。香港是多元文化的汇聚地，文化影响着教育，加上香港所有的幼儿园都是由集团、团体或机构举办的，所以每所幼儿园都在集团、团体或机构的影响下，呈现了自己独特的文化。香港特别行政区政府对幼儿园的管理主要以提供附加管理要求的服务为抓手，几乎没有任何行政推进的举措，所以本着民主、开放的原则，以一系列高效、科学的管理制度与过程管理策略，使得各类型幼儿园既能遵照一定的要求规范办园，又能有足够的空间实现办园的多样化和服务的多样化。从某种程度上说，一园一品的办学理想在香港得到了最高程度的实现。

财务运作是私有的。在2007—2008学年之前，所有幼儿园都是由举办团体、出资人负担昂贵的学校场地租金(有些是私人屋苑、团体或出资人自己买的楼)、人员工资及学校运作的一些开支。所以这就使得学费比较高。不过自2007—2008学年之后，香港特别行政区政府推行了幼儿园学券计划，近八成的学校逐渐转变为非牟利的私营学校，享受政府补助，学校收生数量越多，获得的政府补助也就越多。在参加学券计划的学校，半日制的学生每年享受政府补助23230元/年(2016年)。有些学校的收费与补助持平，如果学校收费高于补助，收费上线为34850元/年，则在这类学校就读半日制，还要另外上交与补助差价的学费。如果是全日制，学费为69700元/年，那所上交的费用会更高。当然，香港地价、楼价高，很多学校参加了政府的学券计划，但还是有不少的租金、人员工资需要举办团体或出资人负担。而另一种学校不参加政府学券计划，完全是私立独立学校，它们使用的是国际课程，能吸引到有才华的顶级教师，所以学生的学费全部由家庭负担，学费高昂。上述无论是非牟利的私营学校，还是私立独立学校，其经费收支都是由集团管理，所以学校运营投入、教师收入等，在遵守教育局的相关规定以外，都是由集团决定的。

课程设置是私化的。全港1000多所幼儿园，在办学规模、环境设施、集团文化方面的差异性实在很大，所以幼儿园课程很难统一。各个集团或学校一般都在遵照香港教育局2006年颁布的《学前教育课程指引》

（2017 年重新修订，更名为《幼稚园教育课程指引》）的基础上，自行编制课程，弹性相当大。一般每个团体的教育事务部会组织编写集团的课程，这样可供旗下所有幼儿园使用，而且最重要的是将自己集团的创立理念渗入教育中。比如：救世军团体目前正在使用的有《救世军幼稚园计划活动教学专题研习课程》《救世军幼儿语文课程》《救世军简易学前英文课程》《救世军幼儿学校愉快写字学习套》等。上述是志愿团体内部编写的课程，另外还有各所幼儿园根据自己园所的特点，开发与创建的校本课程。比如：香港教育大学汇丰幼儿发展中心的“问题-探索-经验模式课程”，仁爱堂邓阳咏曼幼稚园的 3C 课程（Communication、Collaboration、Creativity，即沟通、协作、创意），等等。香港《学前教育课程指引》和香港教育局的视学报告均要求香港幼儿园推行综合课程，以有效统整六大学习范畴。有些学校底蕴深厚，通过多年的科研与实践，有能力设计和创编突出自己特色的综合性主题课程、活动课程等。而有些幼儿园能力有限，所以综合课程主要使用志愿团体编写的，其他还会根据自己园所需要编写本园单独使用的教材，比如我在救世军白田幼儿学校暨育婴园，看到他们有自己的《亲子阅读伴读乐》，这是关于促进家庭早期阅读的一个活动性小课程。

“学校日常运营管理是私化的，财务运作是私有的，课程设置是私化的”，在我看来，这“三私”是香港幼儿园私立私营最为突出的体现。当然，在监管评估方面，其实仍然以团体、学校的自我发展问责及自我评估为主。香港教育局于 2012 年开始对参加学前教育学券计划的学校开展第三方的质素评

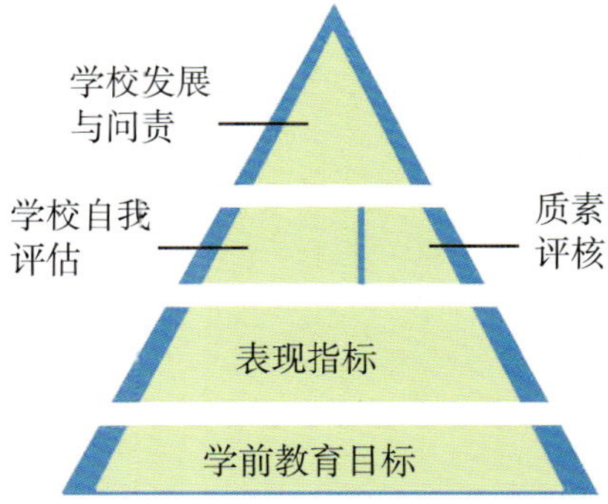

核（见图），而在此之前主要由幼儿园视学组运用“质素保证视学模式”进行视学。2017—2018学年开始，香港特别行政区政府将在学券计划的基础上，进一步推行免费幼儿园教育政策，届时七至八成幼儿园的半日制学位将全部免费。随着政府对学前教育财政投入力度的进一步加大，香港教育局对各个幼儿园办学、运营、财务、师资、课程、评估等方面的服务、管理也将进一步深入。

香港幼教的“忧愁”与“美丽”

你看过一部关于香港幼儿园的电影《五个孩子的校长》（又名《可爱的你》）吗？这部由杨千嬅、古天乐等主演的影片，讲述了原先在名校任职的幼儿园教师吕慧红应聘一所面临关闭的幼儿园，倾注心血，最终帮助五个孩子及家庭走出困境的感人故事。她重视孩子的身心健康，却与名校家长、校董不顾幼儿心理健康一味追求精锐教育的理念不同，于是辞职回家打算与丈夫环球旅行享受人生，却偶然看新闻了解到元田邨一所幼儿园招生困难，校长、教师都辞职了。有能力的家庭都已将孩子转入其他幼儿园，全校只剩下来自贫困家庭的五个孩子，幼儿园面临关闭。于是吕慧红毅然决然地放弃旅行计划，以全港最低校长薪酬——4500港币月薪就任校长，苦苦支撑这家只有五个孩子的幼儿园……

这部根据真人真事改编的电影反映了诸多香港幼教的现实“忧愁”。例如，这些来自香港底层贫困家庭的孩子之所以还留在幼儿园，是因为这所学校只需要很少的学费，而转入其他学校意味着多交学费。然而这所穷人上得起的学校却因为招生困难面临“杀校危机”。又比如，这五个孩子中有一对双胞胎女孩，是少数族裔中的南亚裔。香港的南亚裔贫困家庭较多，他们生活在拥挤杂乱的贫民区。电影中这对双胞胎的母亲地位卑微，而父亲认为女孩不用读那么多书，既然学校面临倒闭就打算让她们弃学。又比如，私立名校的精英教育，为了让孩子赢在起点，给孩子灌输各种知识和技能，却压抑了孩子的天性等。电影最令人感动的部分当然是这位散发着人性光辉的吕校长，她一人承包了校长、老师、清洁阿姨的所有职务，并通过家访了解五个孩子的家庭，努力感化家长。那段吕校长进行“每个人的梦想”主题教学的桥段，特别是她让五个孩子回家访问自己的父母，了解他们曾经的梦想，由此唤起这些挣扎在生活沼泽中的家长心底最柔软、最明媚的部分，令我深受感动。

我每周三驻校的幼儿园目前所面临的境遇，竟然与电影中有些许相似之处。这家由“浸信会联会”团体举办的学校，坐落在筲箕湾耀东公共屋邨一幢楼的地下（英制的叫法是G楼，即地面一层）。这所学校招生数量已经连续几年下滑，目前幼儿班、低班、高班三个学段各自只有一个班级，每班的幼儿仅9人左右。全校有一位校长、一位课程主任和每个学段各一位老师共五人，都是奶奶级的年龄。我九月初第一次驻校，在校门口迎接我的校长和课程主任就迫切表示希望通过与内地教师交流协作的机会，改善学校窘境，提高在屋邨及周边社区中的声誉。深入走近教学日常，这些奶奶级老师的教育状态令人吃惊又感动。尽管从专业角度看，她们的体能动作示范不那么规范、唱歌会跑调、我期待的普通话交流老师们也仅会说几个日常词句，但是你看到教室外那整整齐齐的牙杯、牙刷和小毛巾了吗？每天中午，全日班孩子睡觉前，老师们在一个个指导孩子认真刷牙漱口，再摆放好自己的物品。你看

与浸信会联会耀兴幼稚园的校长及老师开展教研活动

与浸信会联会耀兴幼稚园的校长及老师合影

到她们忙碌地送走上昼班(即上午班)的孩子后迎接下昼班(即下午班)的孩子时,不厌其烦地用英语、粤语和华语与非华语家长交流孩子发展的状况了吗?在中午因为看孩子午睡的人手不够而只能分为三次进行的教研活动中,老师们常常语言伴随肢体动作,以便能更清楚地告诉我,她们遇到的教育问题及近期的收获,那个不慎脚部骨裂的课程主任还非要拄着拐杖参加每学段的教研。有一次低班的玩球活动中,孩子们想运用身体各部分和同伴一起玩球,其中有人想出了"用头部相互推滚球",奶奶级老师竟也全身趴在地面上,和一个落单的孩子运用来自同伴分享的这种玩球法。那一刻我的眼睛湿润了,这些老师与电影中的吕校长一样,让我真切感受到了从她们内心散发出来的"美丽",因为她们诠释了教育的真谛——用生命影响生命。

这么美丽的老师,这么美好的教育,不应该仅靠着内部的一种坚持维系,更需要来自政府、社会的扶持与指引。事实上,香港自2007—2008学年起就开始推行"学券计划",主要目的是为了向所有3—6岁儿童提供优质而收费合理的学前教育。每一位入读非牟利幼儿园的家庭每年都可以获得一定数额的学券,该笔费用由政府财政支出,并逐年递增。学前教育学券计划指的是:特区政府给半日制幼儿家长发放一定金额的学券,用于交学费、杂费等。若学费高于学券,家长须缴付差额。参加学券计划的幼儿园必须是非牟利学校,需要在师资学历、学费上线、质素评估等方面获得相应资格。同年,政府还向幼儿园提供两个"一笔过津贴",一是面向所有幼儿园的"一笔过学校发展津贴",主要用于改善设施和资源;二是"一笔过学校转制津贴",鼓励合资格的私立独立幼儿园转型为非牟利性质,以便参加学券计划,津贴用以支付在转制过程中所需的法律和会计/审计费。2007—2008学年至2010—2011学年,学券的部分面值会用于支援校长及教师发展专业。在实施的五年后,即2011—2012学年对计划做出全面检查,评估并改善计划实施的发展前景。从当年开始,学券的全数面值用于学费资助（见下表）。

学年	学券额（元）	用作资助学费的学券额（元）	用作教师发展的学券额（元）
2007—2008	13000	10000	3000
2008—2009	14000	11000	3000
2009—2010	14000	12000	2000
2010—2011	16000	14000	2000
2011—2012	16000	16000	0

到2016—2017学年，每名学童的资助额已经达到23230元，全港1000多所幼儿园中有735所参加了学券计划，成为合资格的非牟利学校。学券计划实施已经近10年，从明年开始，新的免费幼儿园教育政策会取代学券计划，届时七至八成幼儿园中的半日制学位将全部免费。

电影中吕校长的真实原型，其所在幼儿园经过六年的不懈努力，目前已经招收到60多名学生了。相信在政府的大力扶持下，凭借幼教老师的那一份美丽坚持，全港1000多所幼儿园会朝着“免费优质学前教育”的目标不断迈进。但愿我所驻的这家幼儿园，也能在坚持中化解忧愁，有一个如同电影中的美丽未来。

“喜忧参半”的香港幼儿园体育教育

香港是一座鼓励人们运动的城市，首先体现在体育公共设施上，有数据表明，全港有20多个包含各种自然风貌的郊野公园，有十多条长途的生态徒步径，这两项加起来的用地与住宅用地的比例达到了六比一。香港虽然住宅用地不到全港面积的7%，但是各种体育场所和设施非常齐全，完备程度在全球城市中能排上20名左右。香港人工作、学习压力大，运动缺乏，政府因为意识到香港人在健康、运动方面的问题，所以每年，康乐及文化事务署会举办全民运动日活动，届时全港18个区都会开展各种免费康体活动，以此鼓励人们积极运动。与香港全民运动的现状一样，幼儿园中孩子的体育运动情况也是喜忧参半，既存在诸多内外因的问题，但同时也应看到政府及幼教人士为此所做出的积极改善。

幼儿园体育活动环境不配套，但是公用设施支援学校教育的现象普遍存在。香港地少楼贵，幼儿园室内空间狭小，户外空间难寻。在我们驻校的60所幼儿园中，拥有自己户外场地的学校不足30%，教室面积不大，幼儿运动受限，容易发生碰撞和危险。有些学校还存在体育物资和器材短缺的现象。这些外在物质的匮乏，都是造成幼儿运动不足的潜在因素，也会直接影响体育运动课程的设计及自由度。

不过，幼儿园所在的区域常常能为学校提供不少帮助。比如我所驻的五所学校，虽然全部没有校内户外场地，但是其中四所，其所在社区的楼层平台或屋邨的公共场地，都可以为幼儿园所用，在日间基本不受时间限制。我参与互访的港九街坊妇女会环翠幼稚园，社区给其提供了露天及室内两个平台，面积达到2000多平方米，无论任何天气，该幼儿园总是能开展充分的体育运动。而且这些社区内的居民素质都很高，幼儿在公用场地开展活动很少受到打扰，幼儿园为取用方便甚至会把体育器械等长期放于公用场地附近。

佳宝幼稚园的孩子在公共屋邨的三楼平台上开展体育活动

港九街坊妇女会环翠幼稚园的孩子正在屋邨的平台上跑步

港九街坊妇女会环翠幼稚园的孩子正在开展地垫锻炼，远处是打太极的老人

有些学校如港青基信国际幼稚园，其校址位于港青集团的大厦内，因此集团内的攀岩墙、舞蹈室、壁球场、体育馆等都能在对外开放和学校使用上取得平衡，学校每年的租金也只是象征性地交一点。因此，虽然幼儿园场地小、户外活动空间匮乏是不争的事实，但是学校所在的社区、团体等机构，在不遗余力地解决相应问题，幼儿园老师也用自己的智慧努力用好每一寸空间。

当然，这些既为民众又为幼儿园所用的场地设施，毕竟不是完全为孩子量身定制的，其安全性和专业性存在不符合幼儿发展需求的问题，需要老师们在使用时取长补短。

课程设计存在乏载问题，但类似“幼营喜动”等项目计划着力提升课程质量。香港幼儿园全部为私立性质，由集团、团体或机构举办，因此使用的课程多为自己所在学校或集团的校本课程。集团或学校自己设计体育课程，最突出的问题就是在量与质上都存在乏载现象。从量上看，《幼稚园教育课程指引》中建议半日制课程每天为幼儿安排45～60分钟开展体育、音乐和艺术活动，全日制为60～105分钟（如下表）。若三类活动时数作平均分配，身体运动时间半日制也不过15～20分钟，全日制为20～35分钟，多数学校最多只能达到这个时间要求，而活动内容上受空间与物质限制，一般以可移动小型体育器械为主，缺乏攀登、奔跑、投掷等内容的练习。

港青基信国际幼稚园

活动内容及时间分配举例

活动内容	约需时间（分钟）	
	半日制	全日制
早、午会/全班或全组活动（清洁检查、谈话、生活经验分享）	15～30	15～30
学习活动和自选区角活动（如建构游戏、创作游戏、探究游戏、操作游戏、社会游戏、语言游戏）	75～95	110～145
体育、音乐和艺术活动	45～60	60～105
排洗	20～30	40～60
膳食（清洁、茶点、午膳）	15～20	60～95
午睡/休息	—	80～105
离园整理活动（整理及分享活动经验、谈话、儿歌）	10～15	25～30

受时间限制及教师课程观念影响，体育与其他领域及生活相结合的活动比较少，活动形式单一，如没有体操、大型建构、沙水游戏、散步、自由游戏等融合体力及身体素质发展。从质上看，片面强调知识与技能价值，体育活动中渗透能力、情感、个性及健康意识养成的目标内容乏载，课程设计与编排上缺乏有机的联系与均衡。幼儿园在体育课程设计和实施上存在相应的问题。

香港“2—6岁幼儿体能活动指南”明确提出了透过体育活动促进幼儿全人发展的导向及具体策略(图一)。由教育局课程发展处、幼稚园视学组携十多家机构或社会团体于2014年发起的“幼营喜动校园计划”，以浅显易懂的方式向教师及家长宣传如何计算幼儿一天的运动量、运动类型应该包含哪些，以家园配合的方式保证每个孩子一天的运动量能累计3小时及以上(图二)。这个计划将“均衡每日膳食，培养健康观念”与幼儿体育运动紧密结合，为愿意加入计划的幼儿园提供免费的教师、家长培训和到校支援等。这个计划还以名字取粤语谐音的两个虚拟卡通人物“钟意嘟”(即喜欢动，“动”在粤语中发音为“嘟”)和“吴偏食”(即不偏食)，编写了一系列关于膳食、健康与运动的中英文图画书、动画片及宣传片，免费放于网页供有需要的人士阅览学习，或免费将纸质的图书等赠予学校和家长。

图一

外部力量的支持及家园合作的倡导，确实对保障幼儿每日运动量及健康习惯养成起到很大作用，但是幼儿园作为一个专业的幼儿教育机构，如果要保障每一个孩子体能及健康的和谐发展，其根本还是要改善课程乏载的问题，提升幼儿园体育课程设计与实施的专业性。

除了上述幼儿园体育设施不足及课程乏载的原因之外，教师体育专

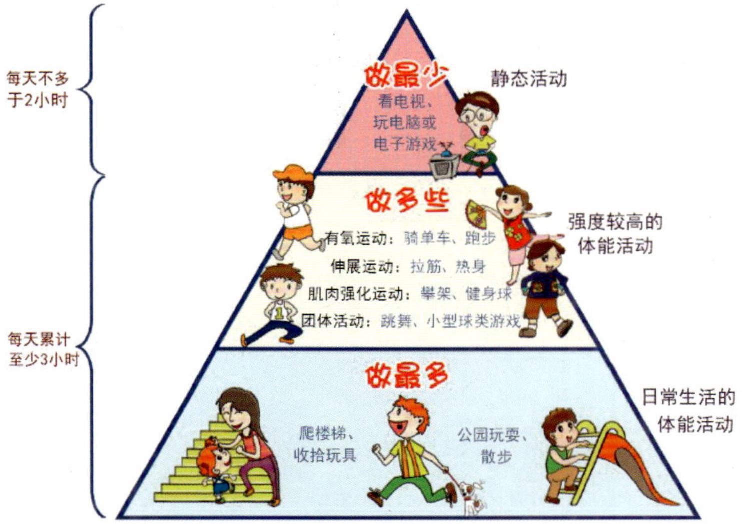

图二

业培训不足，学校、教师和家长担心体育运动造成幼儿意外等因素，也直接影响了幼儿园体育教育的质量。不过，香港教育局及幼儿园正在通过充分利用社会资源，积极提高孩子的运动质量，促进孩子健康意识的养成。内地与香港教师的交流及协作计划中，"幼儿园体育教育优化"一直以来都是重要项目，今年60所参与学校中有半数申报了此项目，这也从侧面反映了学校对幼儿体能及健康发展的迫切心情。而我们围绕"体育教育"开展到校支援服务，就是在外部物质条件有限的情况下，审议并优化幼儿园校本体育课程，同时提高教师学前体育教育的专业性，最终促进幼儿体能与健康的发展。

“全语言教育”视角下的香港幼儿园普通话教育现状

在香港，人们大都以中文为沟通媒介，书写和认读以繁体字和英语为主，口语以粤语为主，其次也以普通话及英语作为日常口语用语。由于特殊的社会语言环境，大多数香港幼儿园的语言教育包含“两文三语”，即读写中、英文，听说粤语、英语和普通话，以此迎合家长需求及为幼儿适应日常社会生活做准备。“两文三语”中的其中一语即为普通话，香港回归20年来，普通话教育在香港学校教育中的地位越来越受重视。新修订的《幼稚园教育课程指引》中指出，让幼儿在轻松愉悦的语境下接触普通话，增加聆听和运用普通话的机会。

20世纪90年代以来，全语言教育的思想逐步传入我国，对我国的语言教育产生了积极的影响。什么是全语言教育？古德曼（1986）最早给的定义是：“全语言教育是一种视儿童语言发展和语言学习为整体的思维方式。”“全语言教育”是将传统的“师传生受”的语言教学过程转变为教师和儿童合作学习的过程，在完整的语言和社会情境中，把幼儿作为一个完整个体，学习整体的语言。以“全语言教育”观念来审视香港幼儿园的普通话教育，我觉得其具有以下优势，同时也存在一些问题。

人的资源优势营造了自然而然学习普通话的语言环境。全语言教育认为，儿童是通过与他人互动的方式学习和使用语言的，“自然学习模式”是语言学习的最佳方式。随着普通话在香港社会生活中地位的不断提升，以及内地移居香港人口的增多，幼儿园中会讲普通话的老师、家长及孩子也明显增多，而且每所幼儿园都会配备一名及以上的专职普通话老师（其中有已取得幼教资格证再于中文大学普通话教育研究发展中心、香港普通话教育学会等机构参加普通话培训获得资质的本校老师，也有学校从外面请来的定期驻校专业普通话老师）。学校环境中使用普通话及将粤语与普通话对译的人增多，无疑增加了幼儿日常听说普通话的机会。比如，我常看到班级内说不同语言的孩子进行自然交往时，他们能够在交往目的的支配下，努力去辨听和理解对方的语言，甚至还会照顾到同伴的用语习惯而产生示范、参与、练习甚至创造表达的语言学习行为。除了同伴之间，幼儿园大量的亲子活动、家校活动等，使得人的语言资源被充分利用，习惯说粤语或普通话的人频繁互动，幼儿伴随活动情境，粤语与普通话之间语音、语义、语法的互通理解变得更加易行和自然。

普通话学习渗透进各领域正在被逐步认可和采纳。语言既是幼儿学习的对象，也是幼儿学习其他领域内容的工具。任何符号系统学习的原理都是相通的，将不同的符号系统交叉运用到儿童学习的过程中，如艺术、戏剧、音乐、舞蹈等，不仅有利于幼儿的语言学习，而且有利于幼儿其他相关领域内容的学习。虽然普通话教育被作为“普通话科”的现象仍然大量存在于幼儿园中，每人每周上2节左右由专职普通话老师带的普通话课也是重要的教育途径，但是从很多学校的举措来看，打破学科领域界限，将普通话学习渗透进各领域正在成为一种教育趋势。比如，很多幼儿园的专职普通话老师，以流动教师的身份进入各个班级，用普通话参与孩子的自选游戏和生活活动。有的幼儿园每周定期开展混班、混龄的普通话体育游戏、音乐游戏活动，届时，班级不同甚至年龄不同的孩子一起用普通话做游戏。比如，《我的飞机开始飞》这个内地老师耳熟能详的问答游戏，被一些香港幼儿园编入大中国主题活动：“问：我的飞机开始飞，飞到哪里去？答：飞到北京（或其他城市）去。问：带谁一起去？答：带XX（如弟弟或妹妹）一起去”，这时被指定身份的幼儿就要快速跑到贴有天安门标志的大圆圈中，反应慢或者被挤出圈外就算输。我在保良局田家炳兆康幼稚园看到的《拔萝卜》《小熊请客》等戏剧表演，就用“三语”作为对话、旁白及歌唱的用语。上述普通话学习形式都非常好，与专门的普通话课比起来，渗透学习时，幼儿不必为语言学习而付出额外的智力负担，他们可以在不知不觉中获得大量的词汇和理解表达的经验。

听说读写及阅读的整体性、情境性有待进一步改善。一些全语言教育研究者认为，儿童从出生起就已经具备了学习人的全部语言的基本条件，儿童语言发展的过程是以完整的方式呈现出来的，因而儿童语言的学习应当是完整的学习。但是香港多数学校习惯以粤语教授汉字，即书写的是普通话书面语，口语表述的是粤语，这就造成了“言文不一”的现象。比如，高班的孩子在《做个健康宝宝》的主题活动中，有书写及运用“我喜欢吃______”的句式练习，这是普通话书面语，但是粤语的习惯性表述是“我钟意食______”。日常听说与作业读写的不一致造成了幼儿在学习上的诸多困难。当然，其根本原因还是幼儿园认可大量超越幼儿年龄的语言学习内容，有不少学校从低班（即中班）开始，每周认识并书写3～5个汉字是幼儿既定的功课，每日都有关于词汇、句式等的书面填空和连线的语文作业，这种机械练习方式割裂了听、说、读、写之间的联系性，使其变成了各自单一的练习。这就背离了低幼儿童“先学整体，再注意细节”的学习规律，没有让幼儿感受到运用语言文字来满足自己需求的快乐。

有一次母亲节后，我看到一个男孩正在画有关妈妈的图画：一辆小巴车上坐着好些人，妈妈在小巴车后。画面上还有他写的文字：妈妈我，我妈妈。大致的意思是：妈妈很累地送我上校车去上学，我爱妈妈。很可惜的是，这样源自幼儿生活经验且极具创意的图文作品，哪怕我拿给班主任老师看，也没有引起太多的关注，老师和家长还是满足于孩子通过记忆的方式认读了多少字、会写多少词汇句子。

过多的比赛降低了平等与开放的普通话学习氛围。全语言教育认为,在语言教育过程中儿童和教师是合作学习关系,教师的责任是为儿童创设一个良好的语言学习环境,在儿童之间营造一个非竞争的学习共同体。但是无论从社会层面,还是学校层面,以竞争、比赛等方式来提高幼儿学习普通话成效的现象比比皆是。我常看到一些学校的陈列柜里放着几百个奖牌、奖杯,里面就有很多幼儿参加校外形形色色普通话比赛的奖牌或奖杯。有些学校虽然怕任务繁重较少参加校外比赛,但是校内的竞争氛围依然不减。我曾先后两次应邀担任一所学校周末举办的普通话儿歌朗诵、讲故事比赛的评委,一个年龄段虽有几十人参加,但最终只评出冠、亚、季军三人,竞争是很残酷的。学校节日庆典、毕业典礼等仪式上,也是通过精挑细选语言发展较佳的孩子担任普通话、英文等小司仪,我也多次被邀请指导孩子用普通话念诵主持词。尽管不能否认比赛对推广普通话具有一定的带动作用,但是在学前阶段通过大量比赛所营造的竞争氛围,一方面使得"教育面向全体"的宗旨未能实现,从比赛中获取自信的孩子毕竟是少数,大多数孩子无法从比赛中获得成功体验;另一方面,让孩子通过记住一个语言作品去参赛、去主持的方式,使得幼儿"尝试"和"创新"语言的行为不被认可,孩子被固守在规范的文学作品或语言素材中,才被认为是正确的。而事实上语言的学习和

担任天主教圣伯多禄幼稚园普通话比赛主评委(合影)

担任天主教圣伯多禄幼稚园普通话比赛主评委(评委讲话)

应用兼具守成与创新两方面的特点。语言既是社会约定俗成的产物，在一个社会文化环境中有共同的定义，同时语言也是不断创新的产物，在全语言研究者的眼里，幼儿学习运用语言的过程是没有“错误”可言的。

随着内地整体实力的增强以及内地与香港合作交流的增多，普通话在香港社会生活中越来越重要。虽然学习增量、比赛增多等方式体现了普通话教育在学校课程中的地位不断提升，但是幼儿阶段的语言教育必须遵循该阶段幼儿的发展规律，让每一个孩子在运用普通话的过程中感受到自信与成功，这才是专业幼儿语言教育的宗旨。

充满人文的公共教育

大多数香港幼儿园的校园行事历中，都有参观“阳光笑容小乐园”“交通安全公园”的活动安排。什么是“阳光笑容小乐园”？什么是“交通安全公园”？在我疑问和好奇之际，适逢救世军白田幼儿学校暨育婴园大班幼儿要去参观“阳光笑容小乐园”，为了更多地了解香港幼儿园开展的有关活动，我便跟着幼儿园的老师和幼儿一同前往。

来到位于九龙的一所口腔医院，乘坐电梯，我们进入医院大楼的第四层，电梯门一打开，一个宛如童话世界的大厅映入眼帘，迎面美丽的彩虹下是“口腔健康教育组”接待处的窗口，一个专职护士热情地迎接老师和幼儿的到来，并负责办理登记手续。接待处的旁边有一个摆满各种口腔保健宣传册的柜子，上面的宣传册有给成人看的，也有给儿童看的，如《准妈妈的口腔保健》《吸烟也危害口腔健康》《幼儿饮食与牙齿健康面面观》《换牙的疑惑》等。柜子上面写着“欢迎取阅”，于是，我忍不住一口气选了十本，准备拿回湖州给幼儿园老师们开展护牙活动时做参考。大厅的左侧是色彩亮丽的儿童沙发和牙齿、牙刷模型，右侧是绘有可爱牙齿娃娃图案的长条沙发凳，供参观的幼儿等待、听讲解时坐。大厅的整个墙面都是蓝天、白云、绿地和小动物的喷绘，回过头再看电梯那边，整面墙绘成一辆漂亮的公共汽车，电梯门成了公共汽车的门，门一打开就像是幼儿从公共汽车上出来，既形象又好玩。难怪幼儿一进入大厅就忍不住这儿看看、那儿摸摸，连我这个成人都完全被吸引了。

过了一会儿,一个挂着医生工作牌的讲解员为每个幼儿测体温、用消毒液洗手。简单讲解了有关要求后,他便带领幼儿进入一个橙色的泡泡门——“阳光笑容小乐园”,开始了参观活动。首先,带大家参观的是“阳光笑容家庭”,讲解员组织幼儿观看一个个介绍幼儿一日生活饮食卫生的短片,并通过问答的方式引导幼儿记住饮食卫生知识,接着让幼儿在“阳光笑容家庭”自主游戏,在玩的过程中巩固卫生知识与习惯。随后,大家来到“好玩牙科诊所”,讲解员先借助大图书和电视短片介绍牙科诊所的设施,诊断、治疗牙病的步骤,以及看牙医时需要配合治疗的要求,再带幼儿进入模拟牙科诊疗室的“诊所”,让幼儿扮演医生和病人,身临其境摸一摸、躺一躺、照一照、试一试,熟悉看牙医的过程,以消除日后真正看牙医时的恐惧感。大家玩得特别高兴,角色扮演得有模有样。最后进入的是“扭扭云护齿教室”,教室四周摆着“阳光笑容家庭”的爷爷、奶奶、爸爸、妈妈、男孩、女孩的模型,每个模型前放着一张小台桌,上面摆放着牙刷、牙膏及牙齿模型,幼儿先观看“扭扭云护牙”活动的动画片,再学唱、表演“扭扭云刷牙歌”,开心极了。快乐的参观活动结束了,大家依依不舍地跟讲解员道谢、道别,乘上乐园大厅的“公共汽车”离开了。

整个参观活动组织得井然有序而又不失生动活泼,幼儿在愉快的氛围中快乐地学习与游戏,就连跟随参观的我都觉得特别温馨和感动。乐园大厅悬挂的牌匾显示,“阳光笑容小乐园”1989年4月就开始投入使用了,香港卫生署为了儿童的健康教育投入专项资金,建设了口腔健康教育基地,专供幼儿园和小学的儿童参观、学习。学校只要提前申请和预约,都可以获准参观。

据学校老师介绍,香港还有四个由康乐及文化事务署拥有及管理的模拟道路环境的“交通安全公园”(也称为“交通安全城”),幼儿也非常喜欢参观。“交通安全公园”负责讲解和组织活动的是香港警务处道路安全署的警务人员,参观内容也包括通过视听了解相关知识,并在模拟的环境中游戏，养成相关行为习惯。

参观、体验、了解了香港政府部门为儿童健康和安全提供的设施与服务之后，我对此颇有感慨，同时也充满敬意。“把保护幼儿的生命和促进幼儿的健康放在工作的首位”，让幼儿“知道必要的安全保健常识，学习保护自己”，“密切结合幼儿的生活进行安全、营养和保健教育，提高幼儿的自我保护意识和能力”，是《幼儿园教育指导纲要（试行）》对我国幼儿园和教师提出的基本要求。幼儿园在制度的健全与完善、环境的创设与投入以及教育活动的开展等方面都进行了大量的工作。让幼儿在“寓教于游戏、寓教于乐”的活动中主动地获得健康与安全知识，一直是幼教工作者追求的目标和努力采取的教育措施。

幼儿的健康与安全更是全社会的希望与责任，让幼儿在模拟真实生活的情境中快乐地体验与学习，一定可以更好地为学校开展健康和安全教育提供支持与服务，更好地为幼儿健康成长保驾护航。

香港幼儿园“课程游戏化”之路还有多远

游戏是孩子最喜爱，也是能最大限度满足幼儿发展需求的一种活动。有些学者甚至认为，没有游戏就没有童年。我国的《幼儿园工作规程》中指出，“以游戏为基本活动”，所谓基本活动，意味着是重要的和不可缺少的。其内涵有三：一是幼儿园课程应游戏化，充满游戏精神，是自由的、自主的、创造的、愉悦的，这不是个别环节要做游戏，而是一日生活都要充满这种游戏精神；二是自由游戏时间要保证，不能被教学及其他教师直接指导的活动所替代；三是其他活动环节，尤其像集体教学活动环节，应尽可能采用游戏方式。

《教育大辞典》中指出，幼儿园课程是为实现幼儿园教育目标而组织安排的全部教育活动，亦指全部的教学科目及其目的、内容、范围和进程的总和。课程游戏化与课程生活化从某种意义上来说，是如出一辙的。因为课程游戏化就是以更加贴近幼儿的实际发展水平和学习特点去建设和实施课程，使得课程更贴近生活，更生动有趣，能整合更多周围生活中的教育资源，促进幼儿在愉快的游戏生活中整合发展，使自主性和创造性更充分。所以，本文中指的“课程游戏化”，也包含课程生活化，同时课程游戏化与课程生活化需要运用课程整合机制。

香港教育局在2017年3月重新修订颁布的《幼稚园教育课程指引》封面上加注了一句话：游戏学习好开始，均衡发展乐成长。这反映了香港学前教育界推进“课程游戏化”发展的迫切心情，希望通过课程游戏化建设提高课程质量，最终促进幼儿发展。课程游戏化是一个系统工程，从明晰理念开始，到诊断目前的课程建设水平和问题，再到完善活动、挖掘资源、组织多种形式的活动、确立评价的立场，这些必须整体考虑。我认为，目前香港众多的幼儿园或幼儿学校进行游戏化课程改革，至少在以下几个方面仍存在亟待改进的地方。

超载的学习内容挤占自由游戏时间，使课程统整变得十分困难。 香港幼儿园普遍实施半日制，幼儿每天只上半天学，实际在园时间只有3个小时，扣除早会、茶点、排队、洗漱、唱游、体能活动、小组活动、各种功课和转换等环节之后，每日实际上只有约半个小时可以开展自由游戏。游戏是需要时间的，幼儿有了充足的时间才能去自由选择喜欢的游戏内容、组建喜欢的伙伴组，并在遇到问题的时候通过尝试、失败、再尝试的反复模式去自行解决游戏问题。显然，半小时左右的时间往往使得游戏刚开始就不得不马上结束，充分游戏成为空谈。其次，香港教育局每年在其视学报告中都指出，香港幼儿园普遍存在"课程超载""进度超快"等问题。例如，一所普通幼儿园的课程进度安排表分为个人与群体、电脑、儿歌（普通话）、语文、早期数学、体能、科学与科技、美劳、唱游、英文等十个类别。虽然这十个类别都是统整在每学期4~5个主题活动中的，但是"两文三语"、数学等大量书写和认读的学习内容，其实与主题的关联性并不大，而且往往超越了孩子当前的发展需要。一些学科还会不断增添和分化，比如"电脑"课程，其实就是通过电脑操作来学习和巩固中英文和数学的认读、书写。

在课程"超载"的表象下面，又存在着严重的课程"乏载"现象，比如唱游（音乐）范畴的课程，孩子一学期学习演唱的歌曲很多，但是律动、舞蹈、音乐游戏等内容却少之又少。因此，课程游戏化必然要狠狠地"宰杀"超载部分，同时又要补充乏载部分，并将这些删选过的课程内容模糊学科界限，加以有机统整，成为香港教育局倡导的综合化、游戏化课程模式。这个工程相当庞大，而且涉及学校、老师、家长是否真的愿意“宰杀”超载部分等问题。

每所幼儿园都在构建校本课程，而非想着把成熟型课程校本化。在内地，如浙江省，教育主管部门倡导使用浙江省教材委员会审定通过的课程，将此作为幼儿园等级评定的一项指标，并主张一些有能力的幼儿园，可以通过多年的实践积累，创造自己的精品校本课程。这就给幼儿园一个导向：使用成熟的、合规的好课程，但在实施过程中可结合自己园所的特点努力将课程校本化。但是，香港幼儿园都是私立的，是由各个集团、团体或机构举办的，所以为了将本集团、团体或机构的创办理念融入下属的教育机构中，同时避免使用别人的课程、教材以免牵扯到版权纠纷，全港1000多所幼儿园都在创建和使用自己的校本课程。其实像香港教育出版社出版的《探索　创造　解难——生活学习套》教材就很不错，这套教材是以故事为线索统整课程的（Story Approach），内容生活化，充满游戏精神，而且各学习范畴有机统整，强调了幼儿经验的重要性。但是这套教材的使用范畴却没有被扩大。

这里牵涉的一个问题就是，每所幼儿园都有构建校本课程的能力吗？答案是否定的，幼儿园的办园水平差异非常大，师资水平差异也很大，一些没有能力编写课程的集团或幼儿园也在做着宏大的校本课程之梦。比如，期末由学校课程部选定下学期的主题，然后老师们分组合作，选择将各种教学内容和活动填充到主题里，这种课程构建方式在很多学校都存在，这往往使得课程停留在拼凑主题的阶段，编排无结构、无系统。有些集团和学校甚至把校本课程建设等同于编写识字、书写等教材，或以认知为重的亲子手册、绘本读物，这与课程游戏化的宗旨就更背道而驰了。

以“教师为中心”的惯性思维和注重知识传授的倾向，使得“师控型”现象比比皆是。课程游戏化的核心追求是让幼儿积极投入活动过程并充分探索、交往与表现，使幼儿不断丰富和发展新经验，让幼儿成为学习的主人和学习的主体。但是从我们驻校、访问参观及互访交流的六七十所幼儿园来看，繁重的课业负担、不合理的教学偏重让幼儿被动地学习和练习抄写成为普遍现象。在我所驻的学校，当我向老师们说明内地幼儿园不教识字，更不会学拼音、写文字和做纸面的数学练习题时，他们都觉得很惊奇，似乎是从未听到过的不可思议之事。显然，教育追求过高的认知目标已然成为香港幼儿园的普遍共识和做法，高结构、高控制的集体活动是幼儿在园的主要活动，也是课程实施的主要途径。其他如生活活动、区域活动、自由游戏等，幼儿的自主权利也相当低。比如生活活动，很多学校仅停留在照顾甚至保护过度的状态，培养幼儿学习并适应生活的意识较低。再比如区域活动，其活动区角的设置很多还是以识字、做数学题、书写中英文等被动式的书面练习为主，且一般都是教师分好小组，然后孩子轮流在教师的监督下一一完成。一些科探区、图工角等区域中，提供的材料多以高结构为主，幼儿探索程度低，其实都是按照教师设定的程序进行被动式操作。再加上香港寸土寸金，幼儿园空间小是普遍现象，室外场地缺乏，室内拥挤，一个教室往往要安排上、下午不同年龄段班级使用，所以多样化的自由游戏，如沙水游戏、建构游戏、角色扮演游戏等在不少幼儿园多多少少都是缺失的。教师通过对自由游戏的观察，发现幼儿的思想和经验的意识淡薄，也缺乏相应的专业水平。

除了上述一些原因外，家长、社会一直以来对幼儿教育也认为应该进行知识的灌输、读写的操练（见本书第127页《香港的"催谷文化"》一文），游戏对儿童身心发展的价值并不被普遍认可。而且很多幼儿园经费和人力资源紧缺，教师工作繁忙（如指导幼儿做功课，批改各种作业，编排和指导幼儿参加校内外各种竞赛），且大多数中五教育程度（相当于内地的高二）的教师很难应对课程游戏化改革所带来的挑战，比如缺乏关于游戏认识、游戏观察与介入指导等专业知识，难以提供可供幼儿探索的教材、环境和材料，从而鹰架幼儿的学习，再比如缺乏各领域学科的系统性知识与教学方法，使得统整实施课程的意识与策略匮乏。总之，要真正以经验论水平，以过程论质量，以适宜性论效果，以生活性论专业的课程游戏化改革，在香港还有很长的路要走。

戏有益之一

——让戏剧之花绽放在孩子的心田

10月31日万圣夜，香港中联办（中央人民政府驻香港特别行政区联络办公室）有戏院赠票给我们内地教师，于是半数人去北角的新光戏院看了一场叶童主演的粤语莎士比亚剧。该剧讲述了香港伊莉莎白玫瑰剧院舞台，在一个风雨交加的夜晚莎士比亚灵魂重现，于是故事就从莎士比亚未成名前困顿、灵感枯竭的日子开始说起，一直到后来他写出旷世巨著《罗密欧与朱丽叶》……

戏剧，是香港人生活中不可或缺的一部分，在这片并不大的土地上，规模小但风格各异的香港剧团却有数十家。香港每年还会举办为期一个月的艺术节活动，该艺术节已经有40多年的历史，是国际艺坛中重要的文化盛事。2016年第四十四届香港艺术节有130多场演出，其中有102场演出全部满座，平均入座率达到95%。香港人热衷戏剧，从上述数据中就可见一斑。作为中西文化交融的地带，香港的戏剧既有传统的延续又有开放多元的包容。本土粤剧、现代话剧、西方歌剧等，都扎根在这片特殊的土壤上，催生出有着独特气质的香港戏剧。

把戏剧教育引进学前教育，是香港话剧团理事会主席胡伟民博士从2013年开始着手的，当时香港还未落实免费学前教育资助方案。戏剧教育计划假如只针对幼儿园学生的话，在每年均有新生入学的情况下，话剧团的资源肯定不胜负荷，或最终只有少量学生受惠。因此，香港话剧团以

“培训培训者”的方法推行计划，率先为幼儿园老师提供戏剧教育训练，由一线的幼儿园老师传给全香港的幼儿园学生。于是，这个“全港幼师专业戏剧培训计划”从当年开始实施，于2016年初结束。这个计划分为两部分：其一是联合香港教育学院在八所种子学校内进行教案设计和试教研究；其二是将试教结果结合话剧团的课程设计，用分区分时段的方式对有兴趣参与此计划的老师进行培训。参与此计划的所有幼儿园老师都是免费受训的，经费最先是香港话剧团调拨的，其后又有其他慈善人士的支持与赞助。这个计划亦得到香港民政事务局、香港教育局、香港教育学院及台南大学戏剧创作与应用系等多家政府机构及专业院校的扶持与指导。计划实施的三年期间，全港共有446所学校参与，从此数据来看，惠及接近半数的香港幼儿园。

如此多的机构、学校和老师参与到计划中，在令我惊讶的同时也让我生出一份敬佩。无论是教育主管、剧团的专业戏剧教师，还是大学教授、海外专家，抑或是幼儿园校长及老师，他们共同构成了一个“学习与研究的共同体”。这个共同体围绕“戏有益”计划进行课程开发与教学协作，并透过教师工作坊、专家协作教学、课程行动设计、教学省思讨论、大型研讨分享会等多种活动形式造就了丰富的教学研究成果，提供了戏剧教育在幼儿园深耕发展的合作典范。这个计划对学校教师将戏剧融入课程设计与实践中助益很大。

把戏剧教育的种子洒遍全港，让幼儿天天“玩”戏剧是这个计划的宏大目标，而透过戏剧来协助幼儿成长是此计划的价值归宿。在此计划临近结束时，从创作出的96个教案中精选14个教案汇集成《戏有益——戏剧融入学前教育教案集》一书，并于2016年4月正式出版，该书免费派发至全港900多所幼儿园。这本书中，不仅介绍了该计划的产生与发展，以及研究所认同的价值观，而且通过精选的14个教案，以清晰的教学目标、活动过程列表和使用指引等具体展现了戏剧教育的价值观。教案集的出版与免费派送，相信会令更多的幼儿园和老师继续在戏剧教育的课堂上散发光芒。

附：

戏有益——全港幼师专业戏剧培训计划大事记

<table>
<tr><th>时间</th><th>伙伴教学研究</th><th>幼师专业戏剧培训工作坊</th></tr>
<tr><td>2012年</td><td colspan="2">7月18日，香港话剧团理事会正式通过“戏有益”计划。</td></tr>
<tr><td>2013年</td><td>6月3日，学院正式发信邀请幼儿园参加教学研究，最后按照学校的经验和背景，挑选了8所种子学校参与。
7月2日，总顾问为剧团戏剧导师进行内部培训，物色适合参与研究的教学艺人。
7月22日，8所种子学校代表首次聚会，标志着教学研究正式开始。
9月7日，举办教学研究预备工作坊，每校派2～3名教师参与，内容包括基础理论、戏剧课示范等。
9月上学期开学，首阶段协作教学正式开展。</td><td>向各幼儿园校长进行访谈及咨询，为在职幼师设计出最适合的培训模式，包括地点、上课时间与密度等。
香港民政事务局及教育局表示，支持该项目计划。
梁爱诗太平绅士答应担任名誉赞助人。
10月，举行多场简介会，向出席的幼儿园校长及老师讲解“戏有益”计划内容，随即开始接受报名。
12月，培训工作坊正式开始。为方便老师参与，工作坊在不同地区、不同时段轮流举行。</td></tr>
<tr><td rowspan="4">2014年</td><td colspan="2">1月4日，于大埔香港教育学院举办公开讲座，邀得林玫君教授做演讲，题目为：“戏中的戏剧扮演——谈创造性戏剧与幼儿游戏的关系”。同日下午，林教授为8所种子学校举办大师工作坊，强化老师运用戏剧进行绘本教学的技巧。</td></tr>
<tr><td colspan="2">3月29日，“戏有益”计划在寿辰剧院举行启动仪式，邀得梁爱诗太平绅士、香港民政事务局副局长许晓辉、香港教育局副局长杨润雄及各嘉宾出席。</td></tr>
<tr><td colspan="2">8月30日，举行首阶段研究成果分享会，8所种子学校的老师分别进行汇报，向与会者分享协作教学经验及个人专业成长历程。</td></tr>
<tr><td>9—12月，举行第二阶段的深化教学研究。总顾问邀请两所已完成首阶段工作的学校介绍经验，特别是戏剧教育融入幼儿课程的方法。</td><td>工作坊反响良好。在中期检查中，有超过97%的老师，非常同意及同意“工作坊的教学目标清晰、内容充实，有助于老师的专业成长”。</td></tr>
</table>

续 表

<table>
<tr><th>时间</th><th>伙伴教学研究</th><th>幼师专业戏剧培训工作坊</th></tr>
<tr><td rowspan="3">2015年</td><td colspan="2">共有446间学校参加，865名老师接受培训。</td></tr>
<tr><td colspan="2">5月10日，举行成果分享会，由参与深化研究的教师负责，分享有关戏剧融入幼儿课程的潜力与困难。除了首部分口头汇报外，亦有教学交流工作坊，题目包括：1. 教师入戏与表演能力，2. 幼儿论坛剧场，3. 旁白默剧的口头指导，4. 学习身体——分组、空间与肢体表达。所有工作坊均由老师主持，充分表现了老师的自信和参与计划后的成长。最后，由台南大学戏剧创作与应用系林玫君教授及英国华威大学戏剧及艺术系Joe Winston教授作回应和总结。</td></tr>
<tr><td>8月1日，总结报告顺利完成，并由总顾问向剧团提交。
整个教学研究共开展了136节课，采用了26个绘本，有效运用了60个戏剧游戏及习式，创作出了96个教案。结果，有11个主题融入了戏剧教育，让487个幼儿直接受惠，享受戏剧教学的乐趣。</td><td>12月，完成所有工作坊。</td></tr>
<tr><td>2016年</td><td colspan="2">筹备及出版《戏有益——戏剧融入学前教育教案集》，并免费派发至全港900多所幼儿园。</td></tr>
</table>

戏有益之二

——戏剧教育促进幼儿“共通能力”发展

戏剧是人类文明的瑰宝，无论是中国的戏曲，还是西方的歌剧，多彩变化的舞台与服饰、打动人心的故事、丝丝入扣的演员表演，都会让人意犹未尽。让“戏剧教育”以普适的状态进入幼儿园课程体系，在西方及港台地区的研究实践较为蓬勃。在我们内地，其实早已通过角色游戏、表演游戏、故事表演、童话剧表演等进行戏剧教育了，只不过较少使用“戏剧教育”这一概念。从国外来看，起源于美国的“创造性戏剧”、发端于英国的“戏剧教学”（也有人翻译为“教育戏剧”）和“剧场教育”，都凸显了“戏剧”或“剧场”这一概念。这些概念对我来说都是陌生的。香港幼儿园如何开展戏剧教育呢？它们秉承的理念是什么？戏剧教育如何与课程结合？……这些问题久久萦绕着我。

11月10日，香港教育局幼稚园校本支援组为我们安排的每月一次的专业发展日，我们走进了“香港话剧团”。这是香港历史最悠久、规模最大的话剧团，也是“全港幼师专业戏剧培训计划”的主要实践团体。在这里，我们将通过聆听介绍及亲身参与戏剧课，慢慢解开上述谜团。当天，剧团负责外展工作的周昭伦副主管接待了我们。他首先通过专题讲座介绍了香港话剧团的基本情况，其间重点介绍了“幼儿戏剧课”。从工具论的角度看，戏剧作为教育媒介，是一种教育手段。全港开展的幼儿戏剧教育，正是在认可戏剧艺术本质的同时，通过戏剧教育旨在发展幼儿的“共通能力”（如图）。其主要的教学形式是依托绘本、故事为起点和蓝本，因为绘本能为戏剧提供人物、时间、地点、情境、主题等基本元素。然后设计一连串的戏剧习式（或称为戏剧策略）来施教，如定镜、思绪追踪、教师入戏、焦点人物、墙上的角色、建构空间、线索材料、角色交换、坐针毡、专家外衣、替身、从旁指导等。在教师的带领下，幼儿能够想象、体验和思考故事的人物、情节、事件和议题等。一连串的活动不仅有助于幼儿投入其中，而且能够提供线索、交流和创造的机会，使他们能够一起构筑戏剧世界，提出新诠释。

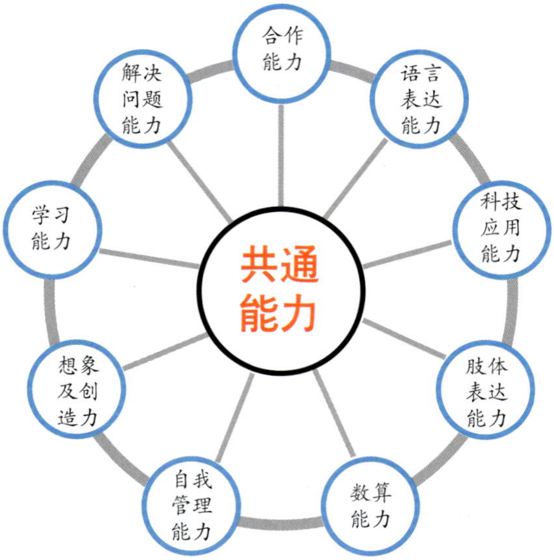

专题讲座之后，周昭伦老师通过一堂戏剧课引领我们亲身探知香港戏剧教育的模式。周老师先让我们一起做热身运动，他敲击铃鼓，我们跟着铃鼓节奏随意走动，当他敲击顿音停止的时候，我们就要立刻找到临近的同伴，用各种姿势和语言相互打招呼和作自我介绍。之后游戏玩法又有所改变，铃鼓顿音停止的时候，我们要根据周老师所要求的数量，即刻与对应数量的人抱在一起，落单或者人数不对都算输（类似《马兰花》游戏）。这种每堂课开始前的热身运动被称为“戏剧游戏”，这类游戏不仅能让受教者热身、预备戏剧活动的技能和能力（比如“打招呼”就是聆听和执行指示，不同的姿态造型是在练习“定格”的习式等），而且能将受教者引入故事，让其了解情节发展，同时指令由简单到复杂，慢慢培养幼儿肢体控制、身体表达、与人合作的能力，具有鹰架作用。

游戏后，周老师开始讲故事：小明是个很开朗的孩子……，但是有一天当他进入一个森林之后，就变得非常恐惧。故事讲述到这儿戛然而止，周老师让我们先各自发挥想象猜猜小明在森林里究竟发生了什么，使得他变得如此恐惧？简短的猜测后，他又用语言“事件重演”，并让我们根据他的讲述扮演剧中角色、演绎场景。没想到在描述森林黑暗恐怖的场景时，同行的老师们呼啦一下子自发走入中间的空间，用各自的动作扮演森林中的黑岩石、树木等，此时就剩我一个愣在原地。周老师提醒我后面还有角色，——看来合作表演已经开始了。于是我自然就成了那个“小明”，我伴随周老师的讲述，极尽所能地表现小明遇到各种事物后所表现出来的恐惧，比如：听到了如狼吼叫的风声，看到在风中不断摇曳的树影后的恐惧状态等。这里采用的戏剧习式大概就是书中提到的“故事圈”和“旁白默剧”，即老师作旁白描述故事内容，幼儿以动作具体呈现，幼儿需要运用想象力与肢体表达，在呈现故事之际投入个中情境。后来周老师还让其他老师也扮演了小明，让我们相互观察比较不同人在遇到恐惧之后的不同表现，并且让每一个人用一个定格的造型表现自己最恐惧的状态。

玩到这儿“话锋一转”，周老师让我们2～3人一组，合作用造型表达帮助小明克服恐惧的方法。当我们陆陆续续想好策略摆出造型后，周老师就开始扮演小明来“为难”我们了。我和杜宁（来自黑龙江哈尔滨市尚志幼儿园）想到的办法是给小明做肢体按摩让他放松，结果“小明”说：我不喜欢别人碰触我的身体，你们会不会乘我不注意伤害我……（如图）。妈呀，我们的方法对他不起作用。也有小组让小明大声吼出来，让他想想美好的事物，

与香港话剧团周昭伦副主管即兴对戏

陪他重新走一遍黑森林，等等。“小明”用语言及肢体与我们“见招拆招”。师生在活动中即时互动，互相提问，这大概就是书中提到的“坐针毡”和“从旁指导”习式吧，老师以口头指导进一步丰富幼儿的情境想象力和应对能力，使他们体会扮演不同角色的感受。

最后，周老师让我们以均等的人数站成两个纵队，一个纵队代表正方，鼓励“小明”克服恐惧走出森林，另一个纵队代表反方，说服小明后退止步。我们每个人必须本着自己的目的，通过呼唤式的语言及一些肢体动作来说服“小明”。周老师扮演“小明”走在两个纵队的中间，他会根据两队人员的说辞及肢体动作顺从自己的内心进行判断，然后决定自己前进还是后退。于是我们使出浑身解数，既说着令人动容的劝说话语，又要不断调控自己的音量、音色以免淹没在这么多人的声音中，同时还要不断变更自己的肢体动作以引起他的注意或好感。我想，我们两队人的表演正代表着每一个人在遇到困难、烦恼的时候，脑海里那两种博弈的声音吧，这样的演绎，唤起我曾经在人生抉择时所经历的过程，此时这个过程被放大、放大……我突然有一种顿悟：遇到困难的时候，“害怕退缩”只是诸多选择中的一种，而迎难而上走下去却有千般种方式……

通过一次戏剧课体验，也许还无法深入了解香港幼儿戏剧教育的精髓及多种戏剧习式，但至少让我有了一次近距离接触的机会。我的体会是：“戏剧教育”不是排戏和表演，而是通过一定的戏剧习式增加读者与故事的交流，与老师、同伴的互动，将对故事、绘本、人生的演绎变为探索、体验、回应和创作。

戏有益之三

——保良局田家炳兆康幼稚园“戏剧教育促进社会性发展”给予的启示

本次教育部的“2016—2017年内地与香港教师交流及协作计划”，全国共派驻了12位幼儿教师。我们每人驻5所学校，这也意味着全港共有60所幼儿园或幼儿学校可参与本次计划。在我们开展驻校工作前，香港教育局校本支援组已经随机分好了每人所驻的学校。这60所学校申报的支援项目基本都是体能和美艺（美术、音乐），唯有一所学校——保良局田家炳兆康幼稚园，申报的项目是“戏剧”。而我，就非常幸运地将那个唯一“收入囊中”。

与保良局田家炳兆康幼稚园的老师开展戏剧工作坊（戏剧游戏：开始和停止）

保良局田家炳兆康幼稚园中班的孩子正在表演《狼来了》

位于新界岛屯门区的保良局田家炳兆康幼稚园，是一所拥有14个半日班，500多名在校学生的大学校。该校在2014—2015年与香港明日艺术教育机构进行了为期一年的合作，重点就是提高老师戏剧教育的能力，并在课程中逐渐融入戏剧教育。

该校开展的戏剧教育主要运用绘本结合戏剧习式，让幼儿在体验、探索与创作绘本的过程中，促进思想情感、想象力、自我意识、社交能力、合作能力等情意和群性的发展。绘本的来源主要有三个方面：一是香港教育出版社出版的幼儿园教材《探索　创造　解难——生活学习套》，这套教材的主题都是以一个绘本故事为框架，将各领域、各学科的教学融入其中。这套教材在香港的使用率相对较高。二是《比比和朋友》这套情绪与人际交往能力发展课程中的绘本故事，但只限在高班使用。三是保良局组织机构旗下教育服务部自行编写出版的德育绘本，它是保良局辖下24所幼儿园内部使用教材，如《感恩树》《同心石》等。另外还有少量绘本或故事是教师自行选择纳入课程中的。绘本以图文结合的形式叙述故事，它与戏剧教育融合，实现了用文字、图画、语言、身体、物件等一起说故事。两者结合，不是用戏剧的方式来演故事，而是从故事和读者的关系来考虑，透过戏剧加强读者的参与性，透过戏剧学习成长，透过戏剧提高阅读兴趣与能力。

保良局田家炳兆康幼稚园大班的孩子正在动手制作戏剧演出的海报

我在保良局田家炳兆康幼稚园共驻校近20次，观摩了K1、K2、K3三个年龄段共40多节戏剧课，以下是其中一节的课堂实录。

K2戏剧课《我变成一只喷火龙了》(第二课时)课堂实录

环节(戏剧习式)	实录
热身活动: 戏剧游戏《走与停》	教师摇动铃鼓,幼儿跟随铃鼓的节奏快走、慢走或者停止。停止的时候教师扮演绘本里那只叫小波泰的蚊子,蚊子随意"叮咬"幼儿,被叮咬者就模仿主人公阿古力做出生气、喷火的表情和动作(定格)。玩了几次后,教师增加难度,要求幼儿用不同的动作和表情表现生气的不同程度,比如一级是低程度的生气,三级是中级的生气,五级是很生气。多数幼儿居然能区分程度,而且动作、表情都不同。
第一环节: 教师入戏	主、配班教师分别扮演绘本中的阿古力和蚊子(小波泰),演绎故事前半部分:阿古力很爱生气……他被一只奇特的蚊子叮咬了以后,变成了一个一生气就会喷火的喷火龙,他遇到各种事情会做出不同的生气及发脾气的行为(喷火、大叫、推撞、骂人等)。幼儿此时围坐于教室周围欣赏教师的表演,欣赏之后互动交流:阿古力有哪些行为表现?幼儿适时模仿教师在戏剧中的生气行为。
第二环节: 代入其他角色, 思路追踪	教师与幼儿讨论:假如你是阿古力身边的人,你会有什么感受? 幼儿根据自己意愿扮演一个绘本中没有的角色,如阿古力的家人、朋友等,以语言、肢体动作表达他们在阿古力生气时的感受(定格)。教师邀请一些幼儿在集体面前进行展现和交流,并讨论生气时适当的表达和排解方法。
第三环节: 观点与角度	教师逐一出示图片,图片内容主要是生气时的发泄方法,如:生气了大声呼吸和喘气儿,生气了扔自己的东西,等等。如果认为这种方法对、可以接受就站在教室左边,反之就站在教室右边,如果觉得不对也不错,就站在两队中间。每次当幼儿站队表态后,教师邀请个别幼儿说说自己的理由。

以绘本故事为框架的戏剧教育,其绘本内容可以分为个人成长、情感教育、社交发展、国家文化等不同类别,《我变成一只喷火龙了》属于个人成长这个类别,围绕该绘本的主题实施需要一个月时间,此绘本的戏剧教学有三个课时。也就是说,主题教学内容使用的是《探索　创造　解难——生活学习套》教材,戏剧教育部分属于主题课程的拓展,突出了校本化。

每个人都有自己的故事，以绘本故事为框架的戏剧教育提供了一种安全、成熟而有益的方式，让孩子得以参与别人的故事，透过别人的眼睛看世界，培养同理心或同情心，理解他人的处境，理解与自己背景迥异，来自其他民族、信仰或阶层的人的处境。如实录中第一环节“教师入戏”，幼儿通过欣赏教师表演的“爱生气的主人公——阿古力”，可以了解人在生气情绪的支配下所表现出来的种种行为，这将有助于幼儿从动作、表情等判断一个人的情绪。同时，模仿任意情绪下的动作，无疑将有助于幼儿肢体表达能力的发展。

阅读、分析和表演绘本故事可以极大地增进幼儿对自己和他人的理解，有助于幼儿的个性发展和自信心养成，更能激发创造力。幼儿可以超越静态的文字与图画，用动态的声音、肢体动作、表情，在与绘本角色、读者同伴（教师和幼儿）的互动中填补绘本中的空白，发展、创造自己的故事。如实录中第二环节“代入其他角色，思路追踪”，就是采用了“填补空白”的方式，原有的绘本中没有那些角色，这是教师引导幼儿展开的一种想象：假如你是阿古力身边的人，当看到阿古力生气时，用语言、肢体动作表现自己的感受。有些幼儿表现出对阿古力的担心，有些幼儿表达了阿古力的行为伤害了自己的感受，等等。代入其他角色，其实就是“换位思考”的教学运用，让幼儿以他人感受反观自我行为，从而提高自我管理情绪的意识。

附：绘本故事《我变成一只喷火龙了》（作者：赖马，选自《探索　创造　解难——生活学习套》）

阿古力居住在古怪国，他常常生气。有一天，他被一只会传染“喷火病”的蚊子小波泰叮了一口，自此便成了一条喷火龙。他生气大叫时，便会喷出火焰，结果他烧毁了家中一半的物品，煮沸了水池里的水，还破坏了古怪国的建筑物。古怪国的动物们都感到很苦恼，生活大受影响。阿古力想尽办法都不能把火熄灭，亦感到很难过，于是他大哭了一场……结果，大火竟然熄灭了，阿古力从此懂得了生气的坏处。

透过美术的幼儿教育

美术教育是幼儿园教育不可分割的部分。对幼儿园的孩子来说，美术教育不是教画画、做手工的教育，而是让孩子通过美术活动得到发展，最终成为一个完整的人。香港学前教育非常重视美术教育，尤其重视通过美术、音乐、戏剧等艺术教育手段，培养孩子的创造力，以及独立自主、充满自信的性格。这从2017年新修订的《幼稚园教育课程指引》将原2006年颁布的《学前教育课程指引》中的学习范畴之一——"艺术"更名为"艺术与创意"就可见一斑。我们期望通过艺术（包括美术）发展幼儿的感官能力，培养敢于探索的意识与能力，发挥创作力（见下表）。

"艺术与创意"范畴学习目的及其相关学习期望举例

学习目的	学习期望
发展感官能力，积累艺术经验	•喜欢利用感官和身体，体验不同创作的乐趣 •主动参与音乐、戏剧、舞蹈和视觉艺术等不同艺术形式的活动 •喜爱聆听音乐，能随节拍律动和唱歌
透过艺术展示和创作，抒发情感，发挥创意	•运用表情、声线和动作，表达情感和发挥创意，例如以歌唱或自由的舞姿表达愉快情绪 •运用线条、颜色、形状等视觉元素，表达思想、情感和创意
在艺术活动中敢于探索，培养创意	•运用不同媒介和方法，探索音乐和声响效果 •运用不同物料和方法，进行视觉艺术创作和探索 •配合灵活的肢体动作及其他艺术元素，进行律动创作和创意表达

香港与内地教师交流及协作计划开展多年，每年都有关于“美艺”的项目，我此次于5所幼儿园驻校交流，其中就有两所主要聚焦“幼儿美术教育”，一所是救世军白田幼儿学校暨育婴园，另一所是天主教圣伯多禄幼稚园。对于透过美术教育来培育完整人的理念，这两所学校的老师们具备一定的认识，他们通过一些实际的措施和策略来实现期望中的教育目标。

观察救世军白田幼儿学校暨育婴园大班孩子的手工制作

救世军白田幼儿学校暨育婴园大班孩子正在欣赏水粉画

比如，学校储备了丰富的物料（材料）和工具，绘画活动形式多样，幼儿可以接触水墨画、水彩画、木颜色画（彩铅）、油粉彩画（油画棒）、刻画等。手工活动在课程安排里也很多，手工物料五花八门，幼儿可以在创作时自由选择。丰富的物料和工具，绝不仅仅是为了体现一所学校教育物质配备齐全，抑或是为了避免美艺作品单一、不好看的弊端，更主要的是让幼儿在接触、使用各种物料的过程中，获取不同的感官经验，积累对工具使用、材质特性、物料搭配等的多样化经验。幼儿在此过程中增加了思考、发挥创意的机会。

又如，透过美术活动增强幼儿生活能力也是香港教师比较注重的。这里的生活能力是指对周遭生活上琐碎事务的处理能力，包括对造型材料性质的认识和简单工具的使用能力，以及与美术活动相关的生活物品使用、收纳能力等。我常常在美术课堂上看到孩子整理自己的美术衣物，清洗并收纳自己使用过的画具等。制作东西并不以做成东西为唯一目的，而是希望幼儿通过制作过程使用自己的双手，了解物料特性，管理好与美术创作相关的物品，而这些能力又是制作东西的基本因素。因此，只要幼儿由此习得相关能力，结果即便是没有完成作品，也算是达到了目的。

天主教圣伯多禄幼稚园大班孩子制作的“稻草人”

再比如，幼儿园非常注重提高幼儿美术欣赏的能力，着意于培养幼儿的审美意识与审美情怀。当然，这种能力的培养主要透过专题性的美术欣赏活动进行。香港使用相对比较广泛的幼儿园教材《探索　创造　解难——生活学习套》中，每一个主题都安排有专门的名画、工艺欣赏等。例如，幼儿班（小班）“小皮球小心哪”这个由自护及家居安全教育引发的主题活动中，有对德国造型艺术家保罗·克利美术作品《起航》的欣赏。三周岁幼儿正处在“审美注意形成”的阶段，利用该作品清晰的图形组合，能引导孩子把注意力集中和停留在对象的形式或结构上面，充分观察画面特征并进行艺术想象。又如，低班（中班）主题《假日游香港》中让幼儿欣赏香港本土画家司徒志明的《香港

1997》。这幅画以简单线条和淡彩表现维港渡轮及沿岸楼群，孩子通过欣赏既可以辨认中银大厦等建筑，加深对香港的认识，还能透过其简约却内涵深厚的画风，萌发热爱艺术创作的情怀。这种主题活动中自然链接美术欣赏的课程设计方式，漫延至各个学校的校本课程中。也正是这种课程设计，使得“图像识读到文化理解的美术欣赏活动”成为香港幼儿园美术课程中的亮点。

保罗·克利《起航》

司徒志明《香港1997》

当然，在我看来，香港幼儿园美术教育课程及其实施还存在有待改进之处。寸土寸金的香港，幼儿园空间、场地小是不争的事实，设有美术专用教室的学校甚少，小小的班级空间也是上、下午两个不同班级共用，上午幼儿班（小班）用，下午高班（大班）用，所以美术区域设置成为“奢侈品”。加上多数孩子都是半日在园，短短半日时光还需要分给“两文三语”读写、做数学题等较多的时间，所以，孩子很少能在区域中恣意地做自己喜欢的美工，无法选择自己擅长的创作方式来表达内心体验。美术学习的内容全部来自教师，中班及大班一些较为复杂的作品，往往需要花2个或多个课时完成，却很少延伸到区域中继续创作，因此孩子对某种创作方式的学习并不深入，无法通过自我探究与学习使得作品更精致、更有个性。久而久之，“图工角（美工角）只是孩子随便玩的、乱玩的，价值不大”等观点成为大多数老师的共识。老师们把美术课程实施的途径局限在“集体教学”，生活与区域的美育无法真正纳入课程而使美术教育不完整。这种缺失不仅是少了一些生活随机美育活动和区域美术创作时间等表象，更重要的是孩子透过这些渠道所能在创作中培育起来的自主性、"创意"与"个性"被局限在更小的范围内。

教育，"教"的是知识与技能，"育"的是创造力、文化与价值观等。"透过美术的幼儿教育"是香港与内地幼教工作者的共同追求，只有课程内容更全面、课程实施途径更多样、教育策略更灵活，"透过学科育人"的教育价值观才能真正落实。

孩子的画里没有秘密

台湾资深儿童插画家、教育哲学家郑明进先生曾提到，儿童画是孩子内心的话语，是孩子们的诗句、自由、自传，也是孩子们的脑照相与世界观。著名色彩心理研究大师、日本绘画疗法第一人末永苍生也曾说过，儿童绘画是孩子的心灵语言，色彩是孩子的心情语言。

是的，幼儿看似任意描绘出的形体与色彩，其实是他们表达内心想法的一种语言，透过儿童画可以探知孩子的内心信息，如孩子的认知、想法、个性等。因此，我此次与香港两所学校——救世军白田幼儿学校暨育婴园和天主教圣伯多禄幼稚园开展的关于“幼儿美术教育”的项目，其研究重心除了完善美艺校本课程，探讨美艺教学方法外，还有很大一部分时间是和老师们一起研究如何看懂孩子的画，如何解读孩子的艺术创作过程。因为我一直认为，美术教育不仅是一个关乎人的审美意识与能力发展的艺术教育，也是一个关乎人的心理与个性发展的自我意识与心理教育。专业的幼儿园教师应该具备解读幼儿画作的意识，依据画作传达出的信息，了解、评价甚至促进孩子的发展。

杰斯米是天主教圣伯多禄幼稚园幼儿班的孩子（小班，三岁半），在我看来，他在班级里是异常孤独的，这种孤独不是源于他的个性问题，而是因为他语言交流存在困难。杰斯米的母亲是德国人，父亲是法籍的黑人，所以家庭中日常交流的语言以德语和法语为主。众所周知，香港“两文三语”的语言环境本身比较复杂，普通学校教育以粤语作为日常用语，英语和普通话是课程中教授的两门重点语言，这就使得杰斯米的生活充斥着五种语言。一个来到这世界才三年多的弱小生命，需要面对五种语言的复杂环境，你完全可以想象，对于一个日常很简单的用语“吃饭”，成人就要给起码五种叫法，那对孩子来说将会面临怎样的语言选择困难啊。因此，自我认识杰斯米并关注其开始，我从未在班级里看见他说过一句话，哪怕是向教师求助、请求的语言也没有说过，主动与同伴交往更是奢谈。也许是“难以开口”的原因，美艺创作成了他表达情绪与内心语言的主通道。每次创作，他最不会受教师示范所影响，其他孩子往往在同桌伙伴的相互影响下，画风或者创作内容存在雷同的现象，但这在他身上也很少发生。

右图是杰斯米第一次画的毛笔画，老师主要让孩子们自由探索使用笔墨，所以绘画内容不限。三岁左右的孩子，绘画尚处在无造型阶段，班级里大多数孩子只满足于使用毛笔的动作快乐，也对墨汁在宣纸上的变化尤为感兴趣，动觉刺激加上视觉刺激，促使多数幼儿不断涂抹，直至画面变满。所以能清晰看出具有一定造型物的画作少之又少，而杰斯米恰是其中一个。首先，图画上能让成人看懂的物体至少有两个，一个是右上角的人，另一个是左下角一支巨大的花。右上角的人物是最容易读懂的，从班主任与杰斯米简短的英语交谈中就能确认这是“sister”——杰斯米的亲姐姐。姐姐上午在一个德语学校就读，下午到杰斯米所在的天主教圣伯多禄幼稚园读大班。杰斯米的图画上经常会出现姐姐的形象，姐姐的语音敏感性非常好，五门语言都能进行基础交流，哪怕最为薄弱的普通话，她也能朗诵一些儿歌。这就是杰斯米经常画姐姐的原因了，而且

姐姐这个形象往往是张开双臂的，这是一个积极的信号，姐姐在杰斯米心中应该是一个崇高的形象，也许他内心也期盼着自己能像姐姐一样自信地开口说话。那一朵巨大的花，也具有姐姐的象征。杰斯米用画出姐姐的形象或与姐姐相关的事物，来表达自己的愿望及抒发向往的情感。至于画中那个类似房子的物体，以及满地如脚印、水的痕迹的东西，受语言限制，我们实在不能从杰斯米的口中得知到底是什么了。有的老师认为这是他最近认知的反映，也有的老师认为这仍是杰斯米愿望的一种隐喻。当然，德国的艺术与造型治疗师弗莱克·班格尔特就曾在她的《孩子的画告诉我们什么——儿童画与儿童心理解读》一书中指出，不是每幅画都一定包含更深的含义，不是每个象征符号都要被解码。她提醒我们，只有特别引起我们注意或者儿童长时间表现出一种绘画行为时，我们才有必要去探究图画的内容及图画背后的意义。从这个意义上来说，杰斯米绘画中频繁出现的姐姐形象及姐姐的隐喻，让成人了解到他进入幼儿园中内心的焦虑与期盼，成人有必要为其在语言交流及无同伴的困境中提供帮助。

儿童绘画表达着儿童内心世界和在外部环境中所遭受的经历与冲突，杰斯米的案例让我们很好地看到了儿童绘画中创造性的自愈能力，而儿童在绘画中的创造性加工能力也是我们必须要关注并研究解读的。以下是一组低班（中班，四周岁左右）孩子画的“白天与夜晚我做的事情”。从画面上可以看到，这些儿童具备了对“白天”与“黑夜”的时间概念，他们从白天与夜晚做过的无数事件中，筛选了印象深刻或者喜欢的两件事情，而且着重突出了“对比性”，即这件事情只能在白天或者夜晚做，反之则不行，或者不适宜。这就是儿童创造性加工能力的一种反映，这种能力与其时间概念、事物认知的程度紧密相连。

再来看这几幅画中人物的造型与动态，也许这在现实中是错误的，比如人的正面与侧面两个角度同时存在，人悬浮在水面一定高度游泳，赏月

白天:去爬山(徒步)

夜晚:戴上泳帽去游泳馆游泳

白天:锻炼身体

夜晚:舒舒服服睡觉

白天:起床,然后大步走到餐桌前吃面

夜晚:坐在美丽的公园里赏月

的人臀部和腰部同时坐在地面上,等等。这是儿童对现实世界(如空间概念)的“无知”以及对自己经历的事情赋予高度的情感与能动的体现结果,这种结果恰恰反映了儿童异于成人的创造性。

下图是我内地所在幼儿园一名大班儿童画的妈妈头像。这个孩子画出了妈妈的很多细节,比如耳钉、睫毛、围裙上的花边及交错的背带等。从绘画心理学上看,儿童画这个人的细节越多,说明他越关心和依恋这个人。突出的红唇,如果不是因为妈妈总是涂抹红唇,那就是暗示妈妈给他

很多亲吻。但是，经过孩子自己的介绍，他的创造性加工能力仍然让我们觉得吃惊：红唇竟然是希望妈妈嘴巴变大，这样能一下子吃好多东西，因为妈妈很辛苦。而妈妈身体两边的两个圈，一个写着“5-1=”，是孩子自己近期的学习内容，希望能考考妈妈。另一个圈里画了门铃，他希望在自己的房门上安装门铃，因为他的妈妈经常不敲门就进入他的房间……

儿童画的解读，使我们能够尽可能多地读懂儿童的内心，尽可能发现他们快乐、幸福、忧伤、恐惧、孤独的秘密，懂得用一颗敏感但宽容的心去感受儿童画的含义。

我给熊猫造个凉亭
——艺术中的数学教育

“内地与香港教师交流及协作计划”自2007—2008年度有幼教项目开始[①],一直以“领域”(香港称之为学习范畴)为类别进行合作研讨。即上一学年,香港本土拥有申报此计划资质的幼儿园,审视本校在哪一个领域的教育教学比较薄弱,就向香港教育局提交申请。如果被教育局认可,在本学年中,内地教师将到校重点围绕该领域开展为期一年的支援及协作研究。

以领域为类别开展两地的交流与协作,主要为了对应香港《幼稚园教育课程指引》中所提出的六个学习范畴:体能与健康、大自然与生活、个人与群性、幼儿数学、语文、艺术与创意。这种围绕一个领域交流协作的方式,其初衷当然是在有限的一年时间里聚焦并做好校本支援工作,以免范围过大,反而影响成效。但是其弊端之一,就是往往让香港的校长和老师们局限在确定的领域中,而看不到幼儿在特定领域中其他方面的发展,所以也就无法提供有效的支持与指导。

幼儿在投入某一领域的学习时,必然会牵扯出该领域以外的一些发展机会,假如教师忽视这种必然性,或者说不能以整合的观念看待幼儿的领域学习,那么幼儿整体、和谐的发展就是空谈。香港《幼稚园教育课程指引》中明确指出,幼儿各个发展目标之间具有关联性,要贯通六个学习

①“内地与香港教师交流及协作计划”由教育部与香港教育局合作,教育发展基金资助,于2005年在香港中小学开展,2007年延伸至幼儿园。

范畴，彼此带动，同步发展。基于这样的认识，与我交流、协作的学校尽管分别是以“美艺”“体能”等为重点研讨领域，但我有必要打破学习领域，延展至其他领域。当然，我需要一个能够在共同研讨过程中发生的、具有说服力的案例，这并不难，不久就发生了。

9月下旬，国庆前夕，天主教圣伯多禄幼稚园开展了“认识中国”的主题活动，孩子们通过科学活动认识了熊猫，美艺课程还安排两课时让孩子们制作熊猫。第一课时的内容是用黑白超轻黏土制作姿态各异的熊猫，这一课时在我驻校前已经完成。第二课时是我驻校观课并与老师们共同研讨的活动，内容是用各种材料制作熊猫喜欢的居所。孩子们的创意多多，有独树一帜的熊猫卧室（图一），有供熊猫休闲小憩的竹林（图二），更有供熊猫玩耍嬉戏的自然风景区（图三）。

图一

图二

图三

有一个皮肤黝黑的男孩吸引了我的注意，他说要给熊猫造个凉亭。初次尝试，他选用了最大型号的蛋糕盘和一根粗吸管，他将粗吸管顶在圆盘下面，最简单的凉亭迅速诞生（图四）。当然，吸管顶着的位置是随意的，没有顶在圆心，其结果可想而知，蛋糕盘立即从一头坍塌下来。此刻我认识到，这是因为孩子对圆的图形特征不够了解，他不认识圆心，所以意识不到：假如只有一个支撑物，那么撑在圆心是最稳当的。我一边给小男孩取了多根有折角的吸管（图五），一边招呼老师们围拢过来观察。

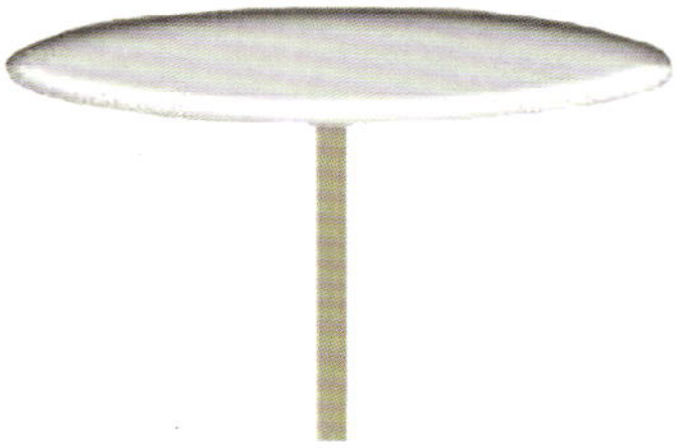

图四

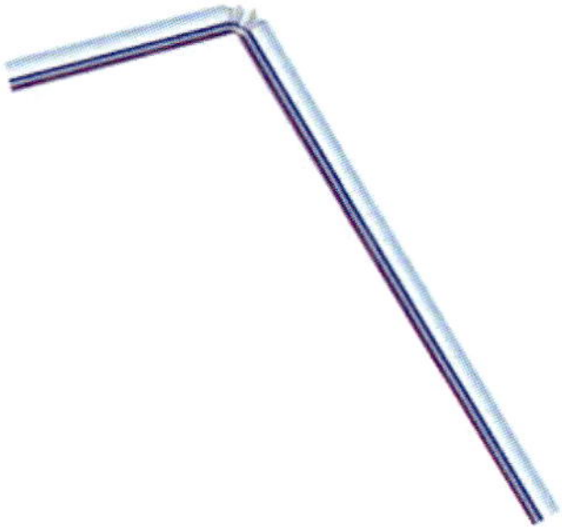

图五

有了多根有折角的吸管，男孩开始尝试将吸管粘贴在蛋糕盘圆周上（图六）。支撑凉亭的柱子从圆内移至圆周上，支撑点变多了，凉亭比刚才牢固了些。只是，当男孩将作品拿起来打算放到作品展览区时，凉亭在他行进的摇晃中又一次耷拉下来。这是因为蛋糕盘圆周上的吸管不是等距支撑的，间隔距离是随意的。此时男孩开始显露出懊恼的情绪了，因为别的小朋友已经陆续将作品放至展览区，并围坐下来相互分享和欣赏了。我走过去对他说：“别急，你数数蛋糕盘上的花纹（图七），看看能不能让吸管之间间隔的花纹一样多。”小男孩在我的提示下，重新拆下吸管，一边数着蛋糕盘上的花纹，

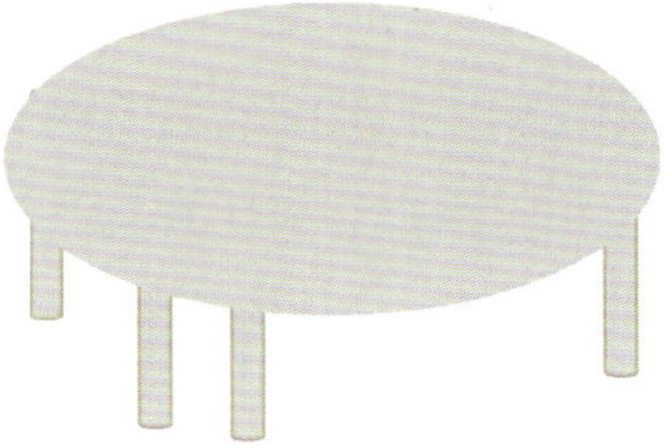

图六

图七

一边粘贴吸管，最后一共使用了六根吸管，间隔大约是八个花纹。凉亭更牢固了，他终于开心地托着自己的作品，走向展览区加入了大家的分享活动（图八）。

这个案例很好地说明了艺术教育中蕴藏着数学范畴学习的可能性，而我们应该让这种可能性看得见，并最终成为对幼儿有价值的学习。教师至少需要调用两种专业技术，其一是观察技能。观察是教师存在的理由，因为教育不是单纯的“授予”，不是无限拷贝的电影。当我们敏锐地观察到男孩在制作凉亭过程中失败的原因，察觉幼儿的反应时，我们就有必要调整老师的回应，这种回应也许是临时的、即兴的。如同案例中，预先准备的材料只有笔直的粗吸管，并没有带折角的吸管。将折角吸管即兴地提供给幼儿，暗示其将吸管折角固定在圆盘上，也就自然而然地让幼儿将凉亭的柱子从圆内移到圆周上，使得支点变多。其二是教师关于领域核心经验的专业知识，这里主要是数学领域的核心经验。教师通过提供吸管、提关键性的启发问题，让幼儿感受到“圆”的图形特征及相关经验，如圆心、圆周、等距、封闭圆数数等。于是男孩在这个纯粹的艺术活动中，获得了数学领域的粗浅经验及运用数学经验解决手工制作问题的机会。于是，本次活动后的研讨内容，我们的重点不是美艺，而是观察与数学经验。

图八

对这个案例的观察与分析，使香港的老师们开始直观地认识到，即使申报的项目是美艺，交流、协作的范围是美艺，但是各个领域之间存在交叉与关联，研讨范围必将从该范围延伸出去，当然前提是基于幼儿的需要与发展。这个案例也使得我更加自信地坚定初衷：基于一个学习范畴的交流与协作，也需要考虑到幼儿是个完整的人，对幼儿进行的教育不能过于分化，应尽可能地加强教育的整体性。

“示范”的取舍之道

我所驻的几所学校，不论是美艺教学，还是音乐、体育教学，教师总喜欢给幼儿做示范。比如，美术活动前一周，教师必定会把幼儿待学的“样品”做出来给校长审核通过，上课时用“样品”欣赏和讲解。体育活动时，教师必定要亲自完整示范如何操作器械、越过障碍，即使教师不示范，也会邀请动作发展好的孩子完整做一遍给大家看。反观这几年在内地，教学中的示范少了，老师们觉得少示范是对的，尤其是少直接示范，甚至出现了“动口不动手”。

两种截然不同的现象，当然是两种不同的儿童观和教育观在起作用，前者认为孩子是被教育的对象，不教则不知，但往往束缚了孩子的自我表达和创造力，导致孩子一味模仿；后者认为孩子是一个主观能动者，相信孩子能够自我建构知识与技能，但绝对不示范往往也有弊端，使得孩子的学习容易放任自流，固守原有水平提高慢。

在我看来，“示范”是教学策略的一种，是用简明而概括的手法，帮助幼儿掌握事物的典型特征。其实“示范”本身没有错，关键是把好运用“示范”的度，不走“唯示范”和“不示范”的极端，有取有舍，达到启发思维但不束缚表现的目的。为了让驻校老师逐渐明白这一点，我和老师们基于实践总结出了几条改变策略，让他们能既不固守原有单一的、刻板的示范方法，也不至于不示范而束手无策。

首先从老师们固守的活动组织模式入手，即示范启发——幼儿操作——交流评价，示范成为教学活动固定的起始环节，而且教师的示范总是面向集体，缺一不可。我让老师们思考：示范时间和示范对象是否一定是这样的？

示范时间并非都在活动初。 活动开始时教师示范，实际上是期待着幼儿能受示范的启发，从而创作出令人满意的作品，期待着幼儿能在一个教学活动的时间里，实现从“不会”到“人人会”的飞跃。反思这种做法的背后，是长期以来结果性目标价值取向在作祟。幼儿的发展往往不是短期的，而是一个长期的过程，因此“先示范后操作”的固定做法有时可以舍弃一二，可以将示范安排在活动中期。因为幼儿的学习是以直接经验为基础的，常常需要用动作来帮助思维，让幼儿先凭借自己的已有经验进行表达和探索，中途教师再根据幼儿出现的困难进行示范，往往更有针对性。

示范对象并非都是所有人。 面向全体的示范效率高，能让每一位幼儿在短时间内掌握。但集体性示范也有一定弊端，往往不能针对某一群体或个体的需求，会出现“吃不了”和“吃不饱”的现象。而且集体性示范步调一致，即要求每位幼儿从理解内化到表现的速度是相对一致的，众所周知，每个人的思维方式、思维频率不同，已有经验也不同，面向全体的示范容易造成对这两个“不同”的忽略，致使“一刀切”。因此考虑舍弃面向集体示范的固定做法，改为分批、分层和个别示范，往往会产生意想不到的效果。比如，有一次纸工活动——跳跳蛙，我们一起尝试在图工角分不同对象进行示范（见下表），效果甚好。

我再引导香港教师从示范内容本身及示范方法上反问自己，示范的范例可以怎样改变：美术课上是否出示完整一幅画？体育课上是否示范一套完整动作？直接示范还是间接示范？如果间接示范，可以怎样操作？

不同对象示范方法及效果一览

对象	示范方法	示范效果
分批	教师示范相同，即图示加半成品示范，但幼儿分别接受，时间间隔一天（共5批）	第一批幼儿学会较慢，后面几批幼儿的学习逐渐加快，因为同伴之间产生了生生互动
分层	按幼儿能力的差别提供不同层次的示范，如： 1.《跳跳蛙》步骤图示示范 2.《跳跳蛙》步骤图示与半成品示范 3. 教师动手逐步示范，幼儿逐步跟学	针对性强，各组学习都较快。但长期采用，要关注能力弱的幼儿是否模仿过多
个别	教师针对个体示范，对其他幼儿不示范，只是出示成品跳跳蛙	也有一定的生生互动效果，中途放弃的幼儿较多，部分幼儿自学成功

示范数量可以一个，更可多个。在香港听课，多以集体教学为主，即全班指向同一内容进行学习，这就需要规避内容统一而极易产生的完全模仿。因此，提供较多的范例不失为一种好的方式，这样既能够让幼儿有模仿，又能将不同范例进行嫁接、组合、变化等，从而体现孩子自己的创造力。比如，对于同样的器械障碍，鼓励孩子用自己最拿手的动作越过障碍，有的孩子钻过去，有的孩子跨过去，有的孩子背部着地躺着扭动过去。三种不同动作，给其他幼儿提供了多种模仿的可能，更在暗示孩子可以用自己的动作，可以与别人不同。

示范方式可以直接，更可间接。人的思维是可以拓展的，学习是可以互通的。学的是画画，但不一定要用图画来启发；欣赏的是音乐，但不一定要用同范畴内容来引导。美术与音乐互通，生活与艺术互通，语言与体能互通，模糊学习领域之间的界线，换一个角度、换一种表现形式来启发，也许会有意外的效果。比如，用黏土做熊猫，教师不用黏土示范，改为让幼儿观看熊猫的真实视频，让活生生的实物成为范例，让幼儿凭借对实物熊猫的认识经验来塑形。又如，画人的动态时，教师不一定要出示自己画的各种人，可以让幼儿事先在户外观察同伴运动的姿势，用一些几何图形卡片在桌上拼摆人的动态，帮助幼儿感悟肢体变化与某种动态的对应。间接示范能促使幼儿实现不同表现形式的转换，为自我表达和创造提供更大的空间。

示范完整过程不如分步支持。我观摩了一个香港教师组织的中班美工活动，内容是使用豆子、彩泥、牙签等进行手工制作，示范过程如下：

1. 教师出示了一辆“小汽车”，问孩子：“你们想不想用物料做一样东西呢？”（孩子回答：“想。”）

2. 教师照着小汽车，进行完整示范：用彩泥制作较长的车身→用四颗豆子插上牙签作为汽车的四个轮子→用折断的牙签插上豆子作为车灯。

3. 汽车的制作示范结束后，教师又出示了一些作品，如房子、动物等让幼儿欣赏，鼓励幼儿做不同的东西。

但遗憾的是，绝大部分幼儿还是制作了类似的小汽车。后来通过教研，我们决定对示范做出调整，然后在不同班级再次组织该活动，过程如下：

1. 让幼儿观察豆子、牙签的特征，然后动手尝试将牙签和豆子相连，其间幼儿自发制作了长方形、三角形等简单作品。

2. 引导幼儿尝试将简单几何作品组合，其间教师作了组合的示范（如下图）。

3. 幼儿自己组合，并添加其他物料完善作品。此时教师提供制作好的成品，房子、汽车、动物等，供幼儿欣赏和模仿。

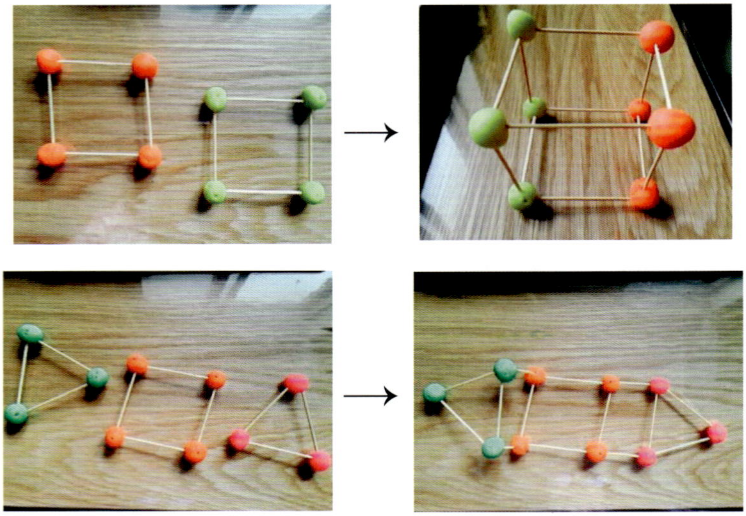

第二次组织活动,没有将具体作品作为示范内容,而是将幼儿要掌握的技能步步分解:牙签插入技能、组合技能、细节完善技能,每步都让幼儿先尝试,教师在幼儿有经验的基础上进行针对性示范,避免幼儿在学习开始前对一个具体作品先入为主,从而造成完全模仿。

总之,示范的内容、形式、时机、对象等,不管取什么还是舍什么,都要把握一个度。不可不及,而使学习没有支架,放任自流而造成幼儿没有提高和发展;也不能太过,而使模仿成为学习的唯一方法。

一支画笔的合作画

——合作性美术活动价值取向的思考

合作性美术活动是指由两名或两名以上幼儿组成合作小组，在教师的协助、引导下共同完成美术作品的一种活动组织形式。其活动价值在于通过美术创作过程发展幼儿的合作意识与行为。救世军白田幼儿学校暨育婴园的周校长(该校参加此次计划的核心小组成员之一)于工作坊听我介绍了合作性美术后决心试一试，在自己班级开展合作性美术活动。合作性美术活动是特殊的美艺创作，并不是所有题材和表现内容都适合开展合作创作，所以教学内容的选择很重要。此时，正值大班“爱香港”主题活动开展中期，经过共同备课商议，周校长选择让幼儿合作画《香港楼群》。这个内容挺不错，来自当下正在开展的主题，幼儿也已经通过前期系列活动了解了香港的城市特征，欣赏了德国摄影师迈克尔·沃尔夫拍摄香港楼房密集的照片，通过社会实践游览了名胜古迹，这些都为幼儿画出香港城市的造型积累了一定的视觉和情感经验。而且，香港的楼群极富特点，楼房密密麻麻，数量多，这就利于幼儿在绘画内容上进行分工：你画几幢、我画几幢，你画远处的、我画近处的。香港的楼房一幢挨着一幢，高低错落，这又利于幼儿在创作中考虑如何与同伴合作，如何能和同伴的楼宇连接起来成为楼群。我以为，经过此次集体备课，我们在思想上达成了一致。

然而第二周活动当天，周副校组织教学的现场却着实令人深思：幼儿分组画画时，老师只给每组幼儿一支画笔，这样做无形当中会导致幼儿只能一个个轮流使用这支笔，依次作画（如图）。而且在老师的暗示下，每个幼儿每次画一幢楼房的轮廓，然后将画笔递交给下一人。在课后评价分享活动中，周校长分享了自己的教学设计思考：每组只给一支笔能避免合作混乱，规避了幼儿好几人同时创作时有可能出现的问题，比如各画各的、楼房分离、方向不统一等。而且周校长尤其强调了“初次”，这是孩子初次尝试合作画，“乱”是肯定的，所以“一支笔”让初次合作变得有序，而且最后的绘画效果也确实不错。

而我觉得需要探讨的是：用一支笔来规避孩子在合作过程中有可能犯的错误、出现的问题，有没有这个必要？不出错的合作是否就是教师教学追求的最终目的？在活动后半部分，当用深色颜料勾勒完楼房的外形后，大家一起给楼房涂色。此时，周校长又规定幼儿每人分管一种颜色，也就是每人只能从头至尾用一种颜色涂色，这与平时作画时每个人“颜色很多，涂色有选择权”的方式完全不同。当然，八个孩子八种颜色，涂色后的画面效果仍然很好。

我想，我跟周校长主要的观点分歧在于，我们对合作性绘画的教育价值取向不同。是强调美术技能，追求画面好不好看、美不美的结果更重要，还是将“合作”作为活动的核心教育目标更重要？当然，凭借我近两个月与香港教师合作教研的经验来看，当教育观点发生分歧时，最好的方法不是争论一番，毕竟我们双方最擅长的语言一个是粤语，一个是普通话，专业争论用各自不擅长的语言会影响表达的丰富性，歪曲内涵。所以最好的方法还是做一做，换一种方式做一做。

班级里还有两个小组没有开展此次活动(救世军集团旗下的学校开展的是专题小组活动,都是以小组的形式进行学习,很少有集体教学活动),我跟周校长约定,下午按照我的意图,绘画内容不变,但是以开放的方式组织活动,让我们一起试一试。首先让孩子自己结成合作小组,教师只规定人数,一个小组4~5人,经过一番短暂的“混乱”,幼儿很快结成了两组。然后教师提出绘画主题——香港楼群,此后也不是放任自流让幼儿随便开展合作。教师作了一些启发和提示,比如:大家一起画同一个内容,方向统一必须要考虑好,各自画的楼房不能朝着不同方向。再比如:合作画,就是人人都要在画纸上留下自己的痕迹,不能一人画到底,也不能一点儿都不画,而且要观察别人画了什么,自己接着该添画什么,或者画之前商量好,画的时候再商量做出调整。教师引导完毕,同组幼儿讨论分工。各组幼儿自行决定讨论时间,教师觉得讨论完毕后,每组给多支粗细不同的画笔,颜料也是多种颜色,亦如平时作画一般,放手让幼儿自行去协调画笔和颜料的使用及画面内容和布局的统一……结果可以预料,幼儿的合作绘画初体验,虽然有一些“小插曲”,但绝对没有周校长想象般混乱。孩子总有孩子的方法,他们按照自己的方式展开合作。

对比两种教学组织方式,上午的活动只给每组一支笔来创作,其实就是教师无形当中规定了合作方式,即一一轮流式;而下午的活动,首先确立的是以合作行为为此次教学的主要目的,淡化美术技能及创作结果,其次是构建开放式的活动程序,坚信人与人的合作方式是多样的,而且不同的人在一起,方式也会变化。教师要有足够的信心,相信幼儿可以自己去商议、磨合。合作方式可以是一一轮流,也可以是同时进行,更可以是有人主画楼房房顶,有人主画楼房窗户,等等。正如瑞吉欧教育思想中的重要观点:相信儿童,相信儿童是一个有能力的自我学习者。他们在与人交往的过程中,亦会主动习得合作经验。再者,幼儿的交往能力提高、社会性发展,必定是在“遇到苦头、经历挫折”中成长起来的。教师要做的是观察幼儿的合作过程，找出哪些是幼儿自我磨合出来的好方法，需要分享、推广给大家；哪些是合作过程中产生的问题，甚至是错误。面对问题或错误，教师再判断是静待幼儿自行解决，还是教师介入帮助解决，千万不要将“人际交往矛盾早早扼杀在摇篮里”。

例谈积木游戏中情感体验与建构能力的关系

香港幼儿园的区域活动中，低结构材料并不多，积木算是使用比较广泛、孩子玩的频率也比较高的玩具之一了。积木游戏由于材料开放、易拆易建，幼儿可以任意组合，象征性地满足自己的各种意愿，从而获得创造的快乐。

我与救世军白田幼儿学校暨育婴园的合作中，因为有关区域美艺活动创设及观察指导的内容，所以在我的要求下，积木建构区域也成为我们的研究对象。虽然积木游戏并不完全属于美艺范畴，但是孩子通过积木建构能发展空间想象力及创造力，这与“多元化美艺”的研究也是有交集的。从某种意义上看，搭积木也算是一种造型艺术吧。而且将积木游戏纳入我们的项目中，也有我的一份小私心——这能延续我在内地一直开展的“游戏观察与记录”的研究。

救世军白田幼儿学校暨育婴园的积木玩具很多，我看了下，大致可以分为两类，一类是益智类积木（如图），可以搭建出特定的立体几何造型，对幼儿数学能力的要求相对较高；另一类就是常见的积木，积木形状各异，可以任意搭建，也可以搭出特定的造型。

一次，我在麦美琪老师所带的中班进行区域活动观察时，有一拨孩子

正在地毯上用常见的木头积木搭建楼房、游泳池等，不远处另一个区角中有三个男孩Pau、Christian、Alexander在玩益智类积木，其中Pau和Alexander正在照着说明图，专心致志地把大小相同的正方体积木叠放到黑色的、有凹槽的底座上，搭建类似金字塔形状的建筑（如图）。但是Christian显得有些不耐烦，他用正方体积木在黑色底座上搭了几根长条后，就一直看着不远处地毯上那拨孩子玩耍。此时，正在搭建游泳池的女孩以跳水状的姿态，跳入自己搭建的圆形游泳池中，还做出划水的样子。她开心的样子更加吸引了Christian的目光，惹得Christian跟着一起笑。女孩看到Christian在关注她，于是又起劲儿地重复跳水和划水的动作，Christian也笑得更加灿烂。两个孩子就这样相隔着，在不同区域进行着情感互动。

此时麦老师看见了走过去，提醒Christian要认真看说明图搭建图纸上的建筑。老师的介入，让两个孩子的“远程交互欢乐”戛然而止，女孩停止了跳水模拟秀，Christian也收起了笑容开始玩自己的益智积木。过了一会儿，麦老师点名参加普通话班及兼收组（有特殊需要儿童的辅导班）的孩子，并带着这些孩子走出班级将他们交给相应的专职老师。这时，Christian捧着好多正方体小积木来到女孩身边，和她一起搭建游泳池。他将4块或者4的倍数块小正方体合拢，搭建在游泳池边缘的长条积木上，作为跳台。之后，女孩还对Christian说：“游泳池边有路，有躺椅，我们一起搭吧。”于是他们又用长条积木相接的方式搭建了长长的路，用中长的积木围合成一个个长方形的躺椅等。此时，麦老师送完孩子回来，于是再一次介入，Christian停下手中的活动回到益智区。

中午研习时我与麦老师谈起这个案例，麦老师认为孩子虽然在建构游戏中心情愉悦，但是从建构的水平来看，并没有得到提高，所以她两次介入，希望孩子别做与建构无关的事情，更加专心一些，以此促进建构水平的提高。

分析麦老师的行为，她之所以介入是因为对Christian仅满足于简单搭建且不断穿插角色装扮的行为感到焦虑。简单的平铺、围合、将积木相接等技能，不足以体现中班下学期幼儿的建构水平，所以麦老师希望孩子能通过观察说明书或益智区同伴的行为，获得模仿性学习，并停止与建构无关的行为。

在我看来，麦老师所认为的与建构无关的行为，一是“角色装扮行为”，Christian与女孩以自建的游泳池为凭借物，想象自己是运动员正在跳水和游泳；二是Christian与女孩的“交往行为”，比如女孩用跳水、游泳的动作吸引了Christian，并引发Christian用自己正在玩的正方体积木帮助她完善她所搭建的游泳池，添加了跳台等物。之后，两人又一起搭建游泳池边的路、躺椅等。由此可见，“角色装扮行为”与“交往行为”两者彼此交织，互相促进。装扮内容引起交往，通过交往使得建筑场景更丰富，角色装扮行为也更加持续，丰厚了游戏内容。这两种行为也是幼儿情感体验的来源，他们在假想、角色装扮及互动中获得快乐。

其实处于表征思维阶段的幼儿，在玩任何游戏中其行为都会或多或少带有角色装扮的特征。装扮游戏的产生在很大程度上与情景化环境、形象性材料的诱导有关，而积木游戏搭建出来的作品就是一种形象，能诱导幼儿进入想象性情景。中班的孩子又处于装扮游戏的高峰期，所以，案例中女孩和Christian的行为都是非常自然的，是他们获得愉悦游戏体验的主要来源。而且这种体验并非与建构无关，从Christian为女孩跳水增设了跳台，女孩招呼Christian一起造路、搭建躺椅等，说明他们因为愉快的体验而丰富了建筑物和场景。尽管建构水平并不高，但是从建构的目的来看，主题一直未变，两个孩子始终围绕“游泳池”场景在搭建。

因此，麦老师的介入目的只是遏制孩子的角色装扮行为，让孩子回到区域活动前选择的益智搭建上来，这就阻断了孩子的情感体验，也同时阻断了促进孩子建构能力发展的机会。我觉得麦老师可以顺应Christian的二次选择，将“遏制装扮行为”的介入目的转变为“促进建构主题发展”，利用孩子通过装扮游戏获得的高涨的情绪体验，促使他们继续丰富建筑物和场景。比如，提醒孩子躺椅不是只围合成一个长方形就可以了，能否搭建出躺椅的扶手、踏板，甚至是躺椅倾斜的坡度。教师介入指导的另一个目的是稳固Christian和女孩的合作关系，让他们增强合作的计划性，逐渐产生分工、搭建物组合等行为。

总之，游戏中幼儿的情感体验与建构能力发展并不是矛盾的，教师的介入指导也千万不要将本不对立的两者对立起来，而是要判断幼儿游戏情感的现状，分析其背后的原因，将之作为推动孩子建构能力发展的助力器，孩子就会从日益发展的建构能力中获得愉悦感。

一个也不能少

——支持非华语儿童学习与发展的香港经验

少数族裔指的是多民族国家或地区中除主体民族以外的民族，在香港，多数人口为中国国籍和华裔，其余则是来自印度、尼泊尔、巴基斯坦、斯里兰卡、泰国等的合法香港居民。这部分人群由于使用的是自己本民族的语言，所以也被称为非华语人群。根据2011年香港特别行政区政府统计处的人口普查报告，香港非华语人口已经达到451183人，占全港总人口的6.4%，其中98.7%为常住居民。2015—2016学年，在幼儿园就读的非华语幼儿约为12000名。

近几年来，香港教育局一直把“支持非华语儿童在幼儿园的学习与发展”作为一项重要的工作，他们把“一个也不能少”作为使命和愿景。我们来香港刚加入幼稚园校本支援组时，高级发展主任黄秀珊女士就希望我们能在开展自己的项目时，多关注少数族裔儿童的学习与发展，多获取一些支持少数族裔儿童学习与发展的教育经验。

对绝大多数少数族裔儿童来说，幼儿园是他们首次接触的学习环境。但是面对陌生的人和事，加上言语不通，所以他们需要比本地儿童花更多时间去适应校园生活。对少数族裔儿童在校学习与发展的支持，关键在于幼儿园教师，所以提高教师对少数族裔儿童的教育专业能力十分重要，包括：理解少数族裔儿童需要的能力，发展少数族裔儿童语言学习的教育能力，根据少数族裔特点改善教与学的能力等。

作为教师，首先要主动了解他们的文化背景和生活习惯。唯有认识、了解，才能走向理解，进而产生支持行为，所以幼儿园老师会采取一些特别措施以帮助少数族裔儿童尽快适应并融入香港本土的校园生活。比如，允许少数族裔孩子的亲人在入学初期在班级内陪伴较长时间；安排同种族的儿童同班同组，既方便照顾也减少孩子面对陌生环境时的不安；安排年长或语言能力强的少数族裔孩子多与新入学儿童玩耍和生活；多给少数族裔儿童提供动手操作机会，减少语言表达的压力；尽可能在环境中摆放一些少数族裔孩子熟悉的物品；拓宽本地儿童的视野，引导他们认识和接纳少数族裔孩子的种种生活习惯。这些方法都是缩短少数族裔儿童入学适应期的良方。

当然，少数族裔孩子如果要真正融入班级群体中，最重要的就是语言，只有语言相通，才能产生交往行为，进而获得社会归属感。据2016年上半年统计，全港有近5000名非华语儿童在参加学券计划的幼儿园入读，这意味着每年有近5000名的孩子入读中文学校。所以，帮助这些孩子尽早学习中文，适应广东话、普通话的语言环境是幼儿园教师又一项重要工作内容。我通过对驻校幼儿园教师的观察和与他们的交流中了解到，多数学校都非常重视非华语儿童的中文学习，会为此成立专门的工作小组，由学校具有一定经验的老师担任这些孩子的中文老师。平时少数族裔儿童除了在班级内学习中文外，还会由特别小组的老师额外辅导，开展语言学习活动。听故事、唱儿歌、创造运用粤语表达诉求的机会、创设丰富的语言学习环境、对比少数族裔文字特点认识汉字等是老师们经常使用的语言教育策略。尽管这些孩子与本土孩子一样，每天免不了认读汉字、书写汉字，但是这些中文活动也还是体现了老师们科学的语言教育理念和专业智慧，比如会引导家长宽泛地看待阅读，认为只要会用眼睛观察，用脑袋思考就是阅读。他们鼓励孩子从“阅读”生活事物开始培养习惯与能力，如阅读快餐店的菜单，比较新巴与城巴（香港市区两家巴士服务有限公司）公交车的异同，阅读拼图板上的细节，等等。老师们尽力让家长们明白:当孩子会专注、观察、思考,那就表示他已经有很好的阅读心理准备。初期的书籍阅读是从无字书开始的,不要忙于解说,而是让孩子慢慢看、体会和感受,孩子看过后,不经意地问一句:你最喜欢哪一幅画面? ……还有其他原因吗? 说来听听……就这样轻轻松松,不着痕迹地让孩子说出观察到的东西,日积月累,孩子会明白心中感受到的东西要用语言说出来,逐渐建立起文字运用与表达概念之间的关系。

认汉字与写汉字,也分为孩子爱认爱写的字和老师根据孩子手肌肉成熟程度而挑选的必认必写的字两类。佳宝幼稚园的潘老师就跟我说过这样一个案例:有一回高班孩子外出参观寿司店,孩子们目睹师傅如何准备材料、怎样用手一卷一捏包出结实的寿司,观察到师傅怎样将料放进机器变出一个个中心七彩的寿司……回校后孩子们还是很兴奋,老师看在眼里,想要顺势教孩子写字,于是在孩子们说观察感受、画寿司之余,请他们填写句子"我最喜欢吃_____寿司"。老师觉得"三文鱼"这几个字笔画少,比较简单,比"鳗鱼""加州"等容易写,所以让他们写,但是很多孩子说"不要,不要,我要写蟹柳",因为他们观察了蟹柳寿司的制作过程,蟹柳寿司颜色鲜艳,上面还有一颗颗红色的鱼子,吃起来"啵啵"有声。哪怕老师晓以利害:"蟹柳"好多笔画,好难写的,但是孩子们仍然坚持写"蟹柳",因为这是他们喜欢的。此时,"蟹柳"比"三文鱼"更让他们印象深刻,也就别具学习的意义了。这就是他们爱写的字,只要他们爱,他们就会特别专注,学习起来也会事半功倍。于是潘老师特意放大"蟹柳"两字,并用不同颜色标出笔画的次序,以帮助少数族裔孩子学写。中文汉字与印度文等相比,横、竖等笔画多,所以老师特别注重引导非华语儿童多在绘画、操作时练习横、竖等直线线条。由此可见,幼儿园老师们不仅在努力帮助少数族裔儿童建立学习中文的兴趣与信心,也在不断根据他们的学习特点优化"教与学"的策略。

家校沟通建立共融文化,也是香港幼儿园有别于内地一些幼儿园在家长工作方面的重要内容。少数族裔孩子一入学，教师就会根据该幼儿的家庭情况构建好沟通渠道，尤其是那些完全不懂广东话，英语水平也并不高的家庭，教师会邀请学校的外籍教师、高年级的非华裔儿童和受教育程度高或久居香港的非华语家长一道，建立一个特别社群，想方设法让少数族裔家长定时了解学校及孩子发展的信息，鼓励家长参与学校的各类活动。教师还会不遗余力地促进本地家长与少数族裔家长之间的沟通与了解，通过相互学习语言、品尝家乡美食、共同外出参观旅游等活动，努力将少数族裔家庭融入学校家长群中，构建共融文化。

香港教育局编写的两本促进少数族裔孩子学习与发展的手册——《照顾差异　促进共融》和《少数族裔儿童之上学、乐学、会学》，有效引领着各个幼儿园及其他学前教育机构少数族裔儿童教育。每年教育局联合大学等机构做的“关顾少数族裔儿童在幼稚园的学习需要”专项研究，也会给学校提供不少的到校支援服务。

对少数族裔孩子学习与发展的支持是促进教育公平不可或缺的因素，也是教育发展的动力之一。香港在此方面既能从教育政策上给予支援，还能从关注教师日常的教学及学校的具体运作上做出支持，这值得内地幼儿园在少数民族儿童教育上借鉴和学习。

“利市”习俗进课程

——民俗文化视角下的课程建设

时光荏苒，岁月如梭，转眼我来香港已经半年。新年将至，我们内师班几位留任老师早早地提醒大家：农历新年期间如果在香港，别忘了给住所的物业管理员、保洁工，甚至去酒楼遇到的服务员等“派利市”，注意，红包里的钱不用多，10元、20元即可，但习俗不可忘。他们的提醒，让我的脑海里浮现了年少时看港片中“派利市”的场景：主人公手握一大把红包，由于数量很多，红包握在手上就如同握牌时展开的扇形，一股“钱多多”的豪气散发出来。只见派利市的人满脸喜色，见人就给，同时用粤语大声说着各种吉祥话……电影里此种场景在我脑海中留下的印象并不好，让我隐隐觉得有市侩之气。如今我人在香港，身不由己，面对此种习俗，总不能凭借着旧港片的那点印象囿于成见吧，于是我好好向教育局的同事请教了一番……

“利市”，亦写作“利是”和“利事”。“利市”一词早在《易经》中便有记载，带有本少利多的意思。元代《俗谚考》亦提及“为了吉兆，要向主家讨个利市”的说法，由此可见，“利市”亦有好运的意义。根据《易杂注》所载：“营商利市，营达利事”，生意人派的叫利市，取其有利于做任何事情的意思。由此看来，起源于清代光绪年间的“派利是”习俗，是利用语言同音不同义的特征来表达祝福的习俗。就如同过年时香港家家户户的楼道、门庭摆放着菊花和结满橘子的果树，因为粤语中“花”与“发”同音，“菊”“桔”与“吉”同音。这些习俗都是为了讨个彩头，表达了人们对来年工作顺利、做事吉利、学业有成的心愿。加之红包上的大红底色，映衬着烫金的吉祥语和图案，用中华文化中独有的代表喜气与隆重的颜色加深这份来年愿景。这就是该习俗由来并传承了这么多年的缘由，而且在广东、香港一带尤为注重。

钱穆先生曾指出："上层首当注意其学术，下层则当注意其风俗。学术为文化导先路。苟非有学术领导，则文化将无向往。非停滞不前，则迷惑失途。风俗为文化奠深基。苟非能形成为风俗，则文化理想，仅如空中楼阁，终将烟消而云散。"民俗文化是人类长期发展创造的，承载着丰厚的知识，是国家和民族的基层文化。每个孩子都降生在特定的社会文化环境中，他们不只是生理、心理的存在，民族、民俗文化给他们带来了语言、习俗、工具和日常生活等，因此我们还要在孩子所属的民族社会文化环境中去理解和发展孩子。基础教育的一大任务，是培养儿童的民族文化认同感。社会文化规定性是孩子的根本属性之一。在这方面，香港幼儿园做得很好。当我农历新年前后走入幼儿园，发现每所学校都会将各种本地新年习俗融入课程中：校园、班级里摆放着姿态各异的菊花与橘树；走廊、班级的天花板上悬挂着家长、老师、孩子们用红包袋制作的各种美术作品；孩子或用文字，或用图画表达内心的期许与祝福，然后藏入红包中，当做"利市"派发给老师、朋友或家人；区角里供孩子折菊花、扎橘子、剪窗

鸡年新春在跑马地留影

农历新年期间摆放的菊花与橘树

花的手工材料丰富多样……

当然，传统习俗免不了在传承与发扬的过程中沾染一些俗气，当“派利市”与显摆、攀比、经济负担等有瓜葛后，就产生了民俗文化中的糟粕。课程是中华文化、民族文化、民俗文化的传承载体，亦是创新的载体。香港教师淡化“派利市”习俗中钱的因素，创新为“派祝福、派感恩”，就是基于“取精华，去糟粕”的理念而产生的创新，这是课程建设极其重要的策略。比如，内地幼儿园将“清明节扫墓”的文化习俗纳入课程中时，就突出了“了解逝者与自己及家族关系”的社会领域学习，“对逝者怀念，对生者珍惜”的情感教育及对“清明节气特征认知”的气象谚语学习等，并通过“折纸花”等艺术领域的活动，引导孩子与家人文明扫墓，摒弃破坏自然环境及引发安全隐患的扫墓习俗。

用利市红包制作的各种手工作品

衣食住行、人际关系、自然科学、民谣语言、游戏体育、节日习俗等多方面的内容，都是民俗文化课程资源的存在形式。当我们把各方面的民俗文化融入课程中的时候，一定要带有自觉的文化批判性，将价值判断和建设决策置于历史原因、时代需求及未来长远发展三个角度的考量中,以优质的文化质量提升课程的质量。

当然,在强调民俗、民族传统文化传承的过程中,我们也并非要排斥其他文化。幼儿教育文化的根基有三种,其一是民族与本土文化,其二是外来文化,其三是日常生活文化。就这个意义来说,课程的构建也不外乎这三个根源。作为专业的幼教工作者,我们有责任避免"文化的偏执",牢固且均衡地把握住这三个根源,从而保证幼儿教育文化与幼儿园课程的安全性与完整性。

衔接，是为了不再衔接

——读香港“幼小衔接系列读本”有感

6月的脚步渐渐走近，又到了一年的毕业季。当我被微信朋友圈里家乡幼儿园各种大班毕业照、典礼现场感染的时候，在香港幼儿园，我也感受到了与之相应的氛围。5月初，天主教圣伯多禄幼稚园的校长、课程主任和大班老师，连续几日赶往同团体的天主教圣伯多禄小学，与小学老师进行课程衔接。6月下旬，救世军白田幼儿学校暨育婴园开始了“提前小学周”的两周活动，教室的座位按照小学样式来摆放，每日作息时间按照小学来执行……7月8日，我受保良局田家炳兆康幼稚园校长的邀请，给大班孩子颁发结业证，并给家长们讲讲如何在家庭当中做好幼小衔接。

由于受时间和工作内容的限制，我无法通过更多亲身参与和实践的方式了解香港幼儿园幼小衔接的现状与特点，所以在教育局几位同事的推荐下，我仔细阅读了由香港教育局课程发展处编订的幼小衔接系列读本，通过这些读本窥视香港的幼小衔接。

这些读本都是近几年编订的，有《幼小衔接多面睇》《我家孩子上小学之家长锦囊》《老师关怀了解多　小一生活愉快过》《亲子伴读故事——升学了》等，既有专门给家长看的，也有专门给幼儿园老师或小学老师看的，其中《幼小衔接多面睇》这本小册子，家长及幼小双方老师都可以阅读。这些读本，教育局会免费赠予有需要的人士，而且人们也可以从教育局课程资源栏目中免费下载。这都表明了香港教育局希望“幼小贯通”“衔接无痕”的导向，也让我有机会再次审视科学的幼小衔接。

由童趣环境到成人环境的适应性转变。物质环境上，香港幼儿园校园较小，一般只有一层楼，教室内会设置不同的学习、游戏区角，区角里操作性的学具和材料比较多。而小学的校园大，楼层多，教室内会用图文的形式张贴学习主题及分科内容。人际环境上，幼儿园的社交氛围是孩子熟悉的，每班都设固定的一位老师和一位助教，幼儿对教师在生活和学习上的依赖比较多。而小学各个科目有不同的教师，班级人数多，同学来自不同学前机构，需要重新建立伙伴关系。对于两种截然不同的环境，每本小读本中都介绍了幼儿园与小学的各种互访活动，让孩子提早熟悉和适应。所以，我在天主教圣伯多禄幼稚园看到，大班孩子最后一个月会有四天前往小学上学，每周一天，当天由幼儿园老师协助小学各科目老师开展教学。社区内的小学会在固定时间开放，允许家长带着孩子进入学校参观，熟悉地形与空间，或者由小学举办新生适应活动。孩子正式入学后，小一（即小学一年级）初期，课表上每天都会安排一节班主任的课，而且班主任要定期与孩子召开“会面倾谈”，充分了解孩子入学后的想法与困难。如果有孩子还难以适应，老师和家长都可以寻求小学辅导老师、义工的个别帮助。

从以积累经验为主的学习到系统的教育内容、方法学习的转变。幼儿期的学习方式是在生活和游戏中，以亲身体验、动手操作的方式来习得经验，突出了孩子自我经验的建构。而小学通过课时划分学习不同的科目，由不同的老师授课，更加注重系统的文化基础知识。例如，在《老师关怀了解多　小一生活愉快过》这本主要给小学老师看的读本中，就以孩子的口吻道出了幼儿期的学习特点：

- 我喜欢学习，但又喜欢游戏。
- 我从聆听和阅读中学习，但是动动手才学得好。
- 我能安静地聆听，但也需要亲自体验和感受。

……

小学老师可以在小一初期多考虑孩子具体形象的思维特点，采用直观的、多样的教学方法，让孩子慢慢从游戏环境、操作环境转向聆听环境、读写算环境，适应从“好玩”到“好学”的转变。

幼儿园与小学的课程需要考虑阶段性的衔接。香港的幼儿园课程采用综合模式，包含六个学习范畴，学习活动的安排较为弹性，教科书多采用图画为主、文字为辅的表达方式。而小学是科目学习的起点，包含八个学科，教科书也多以文字表达为主，部分配以相关图片和图表。所以《幼小衔接多面睇》读本中，分别从幼儿园和小学一年级两个角度指明了课程逐渐过渡的要点。比如，幼儿园大班第二学期，逐渐延长集体教学活动的时间，增加一些无材料的游戏或学习内容，多渗透口头教学，如猜谜、找错等，多通过听讲、提问、记忆、练习进行学习，逐渐减少游戏和操作。大班后期还需要在生活中多让孩子认识一些文字和英语单词，以帮助孩子适应小学课本，提高阅读能力。此外，《幼小衔接多面睇》读本中还从小学一年级的角度指出，初期的课程要多选用有趣的、生活化的内容。比如小一第一篇课文就是一首简短的儿歌《我读一年级了》，该儿歌的文体结构分为三段，第一段讲孩子自己看钟起床，第二段讲到校后向老师、同学问好，最后一段感受自己的成长。内容和语言的生活化，可以让孩子在识拼音和认字时轻松许多。之后几篇课文《开学了》《上课》等也是类似的，而且每个段落或句式都辅以卡通图画或真实照片。

幼儿园与小学的学业评估需要考虑方法与内容上的衔接。幼儿园评估的目的重在了解和促进幼儿身心发展，教师会用持续观察的方式评价幼儿的学习表现，一般没有纸笔测验和考试。而小学评估的目的重在了解并找出孩子在知识掌握、共通能力、态度等方面的难点，给予回应以帮助孩子改善学习成效，测评方式除了口头的和观察性的外，还有较多的纸笔测验和考试。所以在评估方法上，这些小读本都着重指出了小学评估方法的循序渐进性，强调要多采用口头的、游戏化的方式开展测评，如以“续句”的形式评估语文能力，组织游园会以“游玩”的方式开展数学评估等。一般小一第一学期尽量减少默书、纸笔测验，后期有默书等评估，也会采用趣味默写、部分填空替代整篇默写等。

香港教育局课程发展处编写的幼小衔接系列小册子，都采用图文结合的方式，篇幅短小，内容通俗易懂。家长、幼儿园老师、小学老师、社区工作人员等，能通过阅读深入浅出地比较幼儿阶段和小一阶段在环境、课程、人际关系、教学模式、评估、作息常规等方面的不同特点，加深幼儿园及小学老师对彼此工作的了解，明确从各自学段相互配合的要点，同时也面向家长，指引他们从家庭教育的角度提供支持和帮助。

小小几本册子，使我认识到应从生态学的角度来看待幼小过渡期，重视多种因素及其相互作用的影响，让参与过渡期的各方人员在了解、懂行的基础上，加强相互之间的配合，以合力提高过渡期衔接的成效。

附：儿歌《我读一年级了》

我读一年级了！
我学会了看钟，
每天，自己起床。
我读一年级了！
我会说：“老师早，同学早！”
我读一年级了！
我觉得自己已经长大了。

毕业典礼的意义所在

——参加保良局属下幼儿园联合毕业颁奖典礼有感

受保良局田家炳兆康幼稚园张凤媚校长的诚挚邀请，我有幸于6月21日参加了保良局属下24所幼儿园举办的联合毕业颁奖典礼（简称“毕业典礼”）。这也是我有生以来参加的最大规模的毕业典礼，24所学校的大班孩子有近3000人，加上孩子家长、学校老师及被邀请的数百名嘉宾，参加典礼的人数达到了10000多。如此大规模的活动，连著名的香港红磡体育馆也容纳不了，保良局租用了机场旁的亚洲国际博览馆一号展厅来举办。

与张凤媚校长合影

香港亚洲国际博览馆

整个典礼分为两部分。第一部分是颁奖礼，简洁有序、神圣庄严，包含升国旗、唱国歌、校董会主席致辞、校董会幼教专家做当年学务报告、24所学校的大班孩子代表接受毕业证书、校董会捐赠支票、孩子回赠手工作品、校董会给旗下部分校长和老师颁贡献奖、大班孩子代表朗诵感恩词、全体幼儿唱毕业歌等十二个环节，一环扣一环，紧凑简洁。第二部分是节目演出，多以歌舞、朗诵等艺术形式表达对幼儿园学习与生活的回忆、总结和告别，也表达了对迎接新阶段的憧憬与承诺。节目表演过程中，巨大的LED屏幕契合每个节目的主题，播放着各种真实影像，有校长们的身影、有老师们的辛劳、有孩子们的欢乐与友谊、有家长们的付出，还有小学的倩影。现代信息手段与艺术表演的完美结合，极易令在座各位触发内心的情感。

大班末期，幼儿将经历从幼儿园进入小学的角色过渡。从一个群体到另一个群体的过渡被视为现实存在之必然，在这个过程中，每件事情都伴有仪式感。法国著名人类学家阿诺尔德·范热内普提出了“过渡仪式”的概念，指出这个阶段的根本目的是使个体从一个确定的境地过渡到另一个同样确定的境地。基于这个意义来说，毕业典礼是过渡期最重要的仪式，该仪式起到让幼儿充分体验生命成长意义的教育作用。

保良局是香港比较大型的团体，其属下的幼儿园联合举办仪式，突出的优势就是展现了群体的价值。万人齐唱国歌、毕业歌，万人于“前路祈祷”仪式时挥动手中“发光爱心”的震撼场面，能够充分让孩子感受到成长的神圣与光荣，感受到所有人对其毕业的重视与慎重。仪式的教育意义往往是隐性的，它需要个体通过浸润其中、亲身体验来获得心灵的涤荡和情感的升华。由团体举办联合性活动，可以有效避免将典礼等同于某一个具体活动（如等同于文艺汇演），而是将典礼作为一个由多个环节组成的一系列活动，这也是此次颁奖典礼时间长于节目演出时间的意义之所在。校董会主席致辞、校董会赠送支票、孩子回赠自制礼物、不同幼儿园孩子同台接受毕业证书和回忆校园生活等环节，可以让团体里每一个人充分感受彼此的存在，认识和审视彼此的关系，让“个体存在性”达到充分的交融，体会彼此存在的意义。其实，香港很多团体都会举办这样的联合毕业典礼，如中学联合毕业典礼、小学联合毕业典礼等，这也造就了独特的香港毕业典礼文化。

当然，透过保良局的联合毕业颁奖典礼，我觉得有以下两个方面是值得反思和探讨的。

其一，毕业典礼的主体认识。尽管要体现每个个体的存在感，促进个体存在性的交融，但谁是这么多个体中的主体呢？答案是明确的，主体是大班幼儿，所以需要根据孩子的特点来举办典礼。演唱会级别的场地和人数，在追求隆重、震撼、大场面的效果时，是否考虑了幼儿对视线、音量与灯光的承受度？是嘉宾坐最好的位置，还是孩子坐最好的位置？两三千的大班幼儿，派其中的代表来领奖和演出在所难免，但是否考虑了如何将“被边缘化”降到最低，让每一位幼儿都能感受到自己是重要的？仪式上的语言除了规范、煽情、有激情外，是否考虑了幼儿的理解程度？主席、董事会嘉宾等非幼教专业人士的用语，是否能让幼儿感受到他们是在和自己、和我们对话？举办一个仪式时，对主体的特点认识得越到位，仪式的教育价值对主体的触动也就越大。

其二，课程与毕业典礼的关系。毕业典礼不是一场节目，教师打破正常教学秩序，精心挑选幼儿，让他们每天重复练习各种表演节目和台词，会让他们在漫长无趣的排练中消磨了对毕业的美好期待。我在五月至六月的驻校和参观期间，经常感受到老师们为了筹备联合毕业典礼与学校结业礼的疲惫，但是为了追求节目的精美，他们每年都跳进这个反复的怪圈。其实，课程是毕业典礼推进的最好支架，如果能站在课程的高度来审视和架构毕业典礼，那就不会将毕业典礼独立于课程之外。在此次毕业典礼上，有个别节目反映了毕业典礼与课程的紧密关系，比如《快乐》，节目一开始是三个孩子通过对话回忆了在幼儿园喜欢玩的打击乐器，然后是小演员们随着《小步舞曲》的一段打击乐合奏表演，接着又有十几个孩子加入，一起在打击乐的伴奏下演唱了《ABC》英文字母歌。这个节目让人感觉既亲切又非常熟悉，内容都是课程中孩子学习的部分，此次演出将两者合并再稍做改动即可，体现了孩子们对幼儿园生活、学习的回忆。

毕业典礼是每一位幼儿自我表达、表现的舞台。教师唯有秉持以人为本的教育理念和强烈的课程意识，才能将毕业典礼融合于日常的教育教学中，使之成为促进每个孩子情感、态度、能力发展的有效载体，令孩子感受到人生的一个阶段圆满结束，并在充满自信与期待中开启人生的另一个阶段。

学前教育外围观

“校本支援”的内涵与意义

我们来香港工作的地点在港岛东部的柴湾一座叫作“东贸大厦”的写字楼。写字楼有29层，是教育局租用的办公场地，这里包含两个部门：幼稚园校本支援组和教育局咨询科技管理组第一组（隶属于教育局第六个部门“机构事务科”下属的咨询科技管理分部）。“幼稚园校本支援组”，听上去很陌生的名称，这是跟内地完全不同的称呼，我试图对照内地的教育组织架构来找到对应的部门——教研室？研究与培训中心？

后来经过此次交流及协作计划主要负责人黄秀珊女士的介绍我才有所了解。香港教育局主要分为六个部门，“幼稚园校本支援组”隶属于第五个部门“课程及质素保证科”下属的“质素保证及校本支援分部”（如图）。这个分部主要负责：执行校外评核及向中小学推广自我评估，为学校提供校本支援及透过教育发展基金校本专业支援计划为学校提供支援服务，组织统筹各学校参与内地与香港教师的交流及协作计划。而我们显然是通过“内地与香港教师的交流及协作计划”，由该部门统筹分配到各个学校开展校本课程发展及支援。

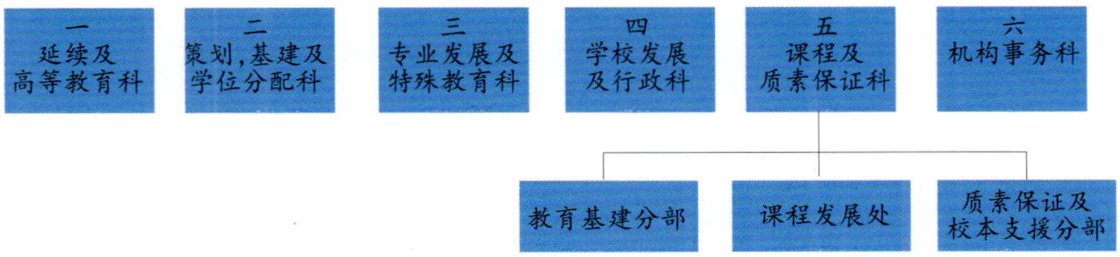

香港教育局组织架构（部分）

幼稚园校本支援组成立于2006年9月，2012年7月之前称为“学前教育支援组”，主要工作就是为幼儿园及幼儿中心提供专业到校支援服务，协助教师落实当年出版的《学前教育课程指引》(2017年修订后更名为《幼稚园教育课程指引》)。其工作的目的是：成为学校持续发展的同伴，通过建立分享及反思的文化，组建学校的“学习社群”，最终提升教师运用理论知识与教学实践的专业技能，促进学校建立和发展配合校本条件及儿童需要的校本课程。刚开始，我对这样的部门设置及工作范畴并不清楚，感觉到校支援工作是集教师专业提升、校本课程发展与实施、促进学校自我评估等几项工作于一体，且未能将行政工作与教研工作区分开来，太过纷繁复杂。但是经过近一年的自我实践及与同组成员的经验分享，我慢慢品味出校本支援的特色与意涵。

支援围绕项目进行。幼稚园校本支援组每年4月向全港学校发出通函，推出并介绍下一学年的支援项目，然后召开简介会，鼓励学校及其他相关业界的人员参加，以具体了解各个项目的情况。在“不选不派”的原则下，学校的申请和选择完全自愿。一所学校每学年最多可以申请两个支援项目，一旦申请通过，到校支援专家及学校教师全年将围绕该项目开展研究与交流。一般一个项目开展的时间为一年，也有一些项目持续两学年，最多为三学年。但是如果一个学校要在第二学年继续参加同一个项目，需要重新申请。

历年支援项目具前瞻性且多样化。幼稚园校本支援组每年推出的支援项目，一定会基于当下学前教育的最新导向、社会的变迁及学校的发展需求，协助教师早做准备，从容面对各种挑战。所以，与时俱进、保持前瞻性是该组支援项目推出的重要原则。比如2011—2014年连续三学年推出“照顾儿童发展差异性”项目，之后又连续两学年推出“关顾少数族裔儿童在幼稚园的学习需要”项目，这些都是源于香港人口结构的变化，不同文化、种族的学前儿童及特殊儿童持续增多的社会需求。我细细浏览了十年来的支援项目,发现它们大致可以分为以下几类:一类是以学习范畴(内地称之为领域或学科)为核心的课程建设与活动优化,如"组织科学探究游戏""戏剧教育与情绪课程"等;一类是整体课程设计、实施与评估,如"课程规划与裁剪""建构儿童自主学习的环境"等;还有一类比较多,是关于促进儿童发展的项目,如"发展儿童的语文(母语或英语)能力""丰富儿童在早期数学的学习经验"等。多样化的支援项目,吸引了不同学校参与,也反映了学校在建设发展过程中的多元需求。而我们内地教师参与的项目,历年来主要是第一类,即围绕一个领域或学科开展到校支援服务。

支援性质集行政和教研于一体。香港教育局的工作开展甚少有行政推进的举措,多以服务为导向,因此,行政措施往往通过到校支援"柔性"地落实。比如,有资格申请到校支援项目的学校,首先必须是参加政府学券计划的幼稚园,而非营利性质的学校。这就使得受政府资助的学校能够在学校发展、教师培训、课程建设等多方面获得更多外界的资源与引领,为其赢得良好的社会声誉,促进学校良性运营,从而引导更多学校加入学券计划中来。再比如,教育局为了改善香港幼儿园普遍存在的"以教师为中心"的惯性思维和注重知识传授的倾向,近年来陆续推出了"游戏为本的学习""有效评估促进幼儿愉快学习""组织科学探究游戏"等项目,切实从各个方面帮助学校推进课程游戏化。行政措施通过支援人员与学校共同拟定具体的项目实施计划与策略,一起以备课、观摩、研习等教研方式来落实,体现了人性化管理与民主体制。十年多来,申请到校支援服务的学校有1983校次,整体上呈逐年攀升趋势(如图)。

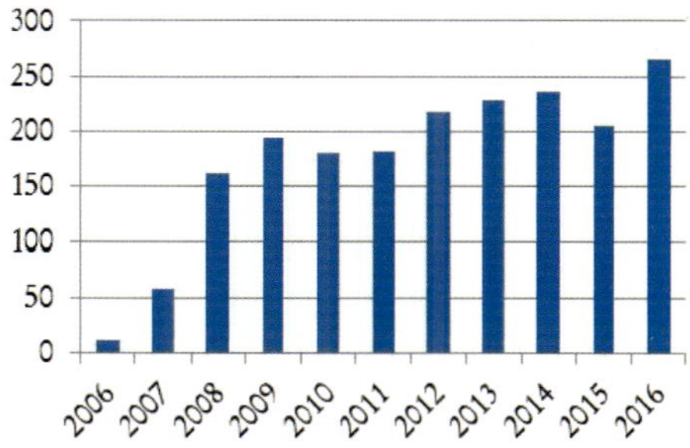

每年申请支援服务的学校数目

支援专家由四种人员组成。到校支援的专家由四种人员组成。首先是幼稚园校本支援组的教育局官员，称为“学校发展主任”。学校发展主任不管级别高低，每人每年都会负责3～7所不等的学校，围绕项目开展支援。第二类人员就是通过两地交流及协作计划借调的内地教师。今年从全国各地共有12位老师来香港，每人围绕不同的项目负责5所学校，也就是全港有60所学校是通过“内地与香港教师交流及协作计划”获得到校支援。第三类是借调的其他专业人员，这类人员主要是为保障项目研讨的专业性而加入进来的，如“加强幼稚园和小学教育衔接”项目，就会有具备专科知识、经验丰富的小学老师参与。再比如“支持非华语儿童的学习”项目开展时，就会邀请当地“平等机会委员会”“融乐会”等社会机构、社会教育机构的官员和老师参与。第四类是参加各种“大学—学校支援计划”的大专院校的学者、教授。这四种支援人员与学校的校长、课程主任及老师，围绕共同的项目组成了研究共同体。

项目结束后注重总结与分享。学校某个支援项目结束前期，都会填写相应的调查问卷，表达对支援服务的感受和意见。此问卷调查结果会和支援人员的总结报告一并分析，主要从“儿童的学习与发展”“教师专业成长”“校本课程发展”“学校发展”四个方面17项内容做出反思及提升服务质量。从2008年开始，幼稚园校本支援组还组织全港年终分享会，让一部分项目的支援人员或参与学校的校长、教师代表等在大会上做总结性分享，通过分享，既能使学校与支援人员同心协力，共同反思一年来的成果及存在的问题，同时也能让其他学校及支援人员获得启发与借鉴。幼稚园校本支援组还十分注重文本资料的集结与分享，每年都会将部分项目成果编写成刊物或活动网页，如“少数族裔儿童之上学、乐学、会学”“100个教研课例之美艺篇、音乐篇、体能篇”等。十年多来共编写成近20种书籍或网页，这些书籍和网页都会免费分发给学校教师阅读和使用。支援组与学校共同通过项目收获成果，又将成果返还于学校，有“取之于民，用之于民”的意味。

“校本支援服务”，这种将教育局行政官员与社会多方人力、物力资源组成共同体，以项目式教研的方式落实行政措施，整合促进教师专业发展、校本课程发展、学校发展、幼儿学习与发展的教研方式，体现了香港教育局以人为本、以校为本的“柔性”行政管理特点。

我通过逐渐了解香港学前教育的特点，并结合自身的校本支援实践经验，对这种政府服务形式慢慢积累着情感，从陌生到熟悉，再到欣赏……

尊重孩子的版权

“请尊重幼儿园的版权”“尊重孩子的版权”，这些话语在我还没有深入走进幼儿园时，香港教育局和香港教育研究及发展中心的相关人员已经反复提醒我了。幼儿园是有版权的，对于这点我不难理解，每所幼儿园独特的校园环境、引以为傲的校本课程、基于园所现状的管理制度与模式、多年的科研成果等，无不凝聚着众人的智慧与汗水，当然要尊重幼儿园的版权啊。但我反复思考的是：孩子的版权范围是什么？对孩子版权的尊重要做到什么程度？

在内地，当我们去一所幼儿园交流、参观、培训的时候，我们已经习以为常地拿起数码设备，拍摄下孩子游戏、学习、玩耍的一个个画面，用相机记录下他们一张张灿烂的笑脸，用摄像机拍摄上课的整个过程……在我们的内心，这既是来自同行珍贵的教育经验，也是源发于孩子的一个个生动案例，甚至是我们表达对孩子喜爱之情的一种外在流露。有时，我们还会难掩喜悦之情，把一幅幅美好的影像放在微信、QQ等一些平台上，永久保存并与他人共享。当我们回到工作岗位，还会通过分享会、教研沙龙等形式，把看到的、学到的，图文并茂地与单位同事及区域内的同行进行分享。

但是在香港，上述一些行为也许都不被允许，因为这涉及版权问题。版权，就是私产权，在内地被称为著作权。香港的法律规定，任何人在写作或作品完成之后，无需经过注册，就自然拥有版权。法律保障了作者

(或机构)创作表达的形式(作品),但不包括意念。所以,孩子的肖像,创作的美艺、科技作品,语言表达的作品等,都属私有,每个孩子对自己的创作作品、身体形象等,具有“拥有权”。

这样的意识已经深入到每一所幼儿园、每一位老师内心。比如,登录幼儿园的网站,公众能够浏览的更多的是学校环境、介绍及一些公告等,较少看到有孩子、家长、老师参与活动的影像。走进校园,孩子活动的照片一般都展示在自己的教室里,走廊、大厅等公共环境中并不多。老师们因教学、教研的用途使用影像,一旦涉及孩子的肖像、作品的版权等,也会谨慎对待。比如,不会在本园以外的场合使用本园孩子任何正面肖像的照片,以及孩子作品的照片,也不会在本园的教研、培训等活动中,使用他园的影像。特别需要使用时,会事先征得孩子及其家长或所在学校的同意……因此,为了便于我们开展项目交流与协作,教育局事先都会和校长签署相关的同意文书,允许内地交流老师在此期间收集相关的儿童作品、教学活动录影片段等,作为教学研讨及专业交流之用。但涉及用于两所以上幼儿园的交流时,又要谨慎使用……在我看来这是对儿童权利的极大尊重。1989年第44届联合国大会第25号决议通过的《儿童权利公约》,旨在强调儿童与成人具有同样的价值,是平等的。儿童权利与普遍意义上的人权相比,更能够鲜明地反映一个国家、一个地区人权发展的状态。香港对儿童的权利意识,从“生存权、发展权”等一些基本权利,蔓延到与儿童生活相关的各个领域,在各个领域中保障并实现他们的权利,尤其是在教育领域。因为有人说,教育既是生活的过程,也是将来生活的预备。儿童在经历着当下生活的过程中,为将来的生存发展及人际交往预备必备的意识与能力,这其中就包括对自我及他人人权、版权的维护与尊重。

当然,强调儿童权利,并不是把儿童置于成人的对立面,而是在承认儿童与成人间的差异性和双方的自主权的前提下,认真对待这种差异性并探寻双方利益的最佳结合点。当我们无意识地举起相机对着一张张天真稚嫩的脸蛋，或者当我们以教研、推广、宣传等名义分享着孩子的肖像与作品时，我们的内心需要听听这样的声音："我是一个孩子，我有一双眼睛、一双手，我能说话，我更有一颗心。当然，我还有我的权利。"

是的，孩子的权利，现在，此刻，就应该得到尊重。因为他们，现在，此刻，就是孩子。

育婴园的“教育爱”

世界上的爱有千百种，情爱、友爱、父母之爱，等等。在人类众多的“爱”中，有一种被称为“教育爱”。什么是教育爱？苏霍姆林斯基曾这样说：“教育者最可贵的品质之一就是人性、对孩子们深沉的爱，兼有父母亲昵温存和睿智的严厉与严格相结合的那种爱。”我通过对几所香港育婴园的参观访问，进一步从伦理学及教育学层面感受到“教育爱”的内涵。

截至2016年10月，香港已经有24所育婴园，这些学校大多数招收出生至2岁的儿童，被称为“育婴园”或“婴儿园”，也有招收儿童跨度从出生至3岁，这就与全港1000多所幼儿园的服务对象部分相仿了，这种学校就被称为“幼儿中心”(以下都统称为育婴园)。但不管是育婴园还是幼儿中心，都属于“香港社会福利署”规管(幼稚园属于“教育局”规管)。从育婴园收生的年龄标准来看，2岁以下是主要的收生范围，而从全港24所育婴园与1000多所幼儿园的数量比例来看，这意味着绝大部分孩子0～2岁的婴儿期是在家庭中度过的。

那么，哪些家庭会选择让孩子入读育婴园呢？首先是因经济原因请不起工人、外佣的家庭，也有家长在时间上日间确实无法照顾婴儿的，还有一些家庭不存在上述原因而是觉得孩子在育婴园能够获得更为专业的养育。这些有意愿入读的家庭如有经济困难，在申请到入读资格后，可以根据规定递交家庭经济收入证明，通过“学费减免计划”申请减免25%、50%或者全部的学费。家庭是社会的基本细胞，个体利益是社会整体利益不可分割的部分，各个家庭因为种种原因使得自己的孩子在人生最初期需要获得家庭以外的帮助时，育婴园满足了他们的需求，这种满足体现了社会的仁慈。仁慈是"教育爱"的基础，也是"教育爱"的内核，如道德哲学家佛兰克纳所言："仁慈也许不是必要的，却是令人向往的。""仁"的概念最早具有血亲之爱的特质，又由近及远，发展为一种泽被天下的全面德行。

走进育婴园，我深深地被老师们身上所散发出来的仁慈光辉所感动。在这里，最小的孩子只有1个月大，最大的孩子才3岁，照顾和养育他们是非常辛苦的。从早上8点上班到晚上6点下班，老师们在10个小时的工作时间内几乎都是跪着、弯着腰，日复一日，年复一年，如此，为的是能与这些孩子更贴近，更尊重他们。据圣公会圣多马幼儿中心的曾主任介绍，很多1岁以下的孩子还需要从这儿抱到那儿，所以每天还要重复近百次"抱"的动作。加上每所育婴园都会向在园家长提供延时服务以及向全社会提供临时暂托服务，所以他们的工作时间其实不止每天10小时。参观时，圣公会圣多马幼儿中心墙上的两张表格吸

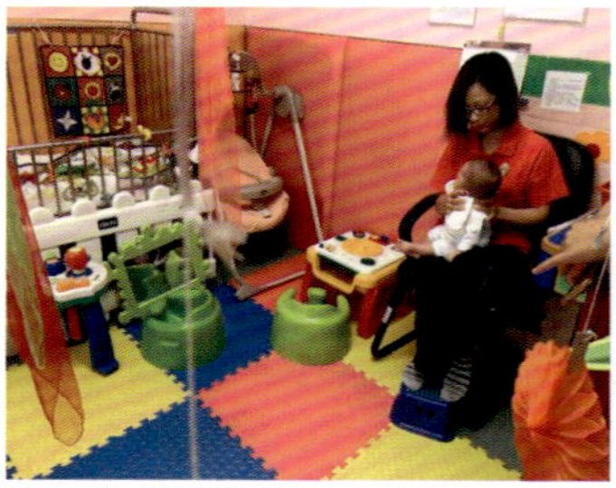

圣公会圣多马幼儿中心的老师正在给一个月大的孩子喂奶

圣公会圣多马幼儿中心的老师在给一位婴儿做感官游戏

圣公会圣多马幼儿中心中组(1岁左右)的孩子正在老师布置了植物的环境中玩耍

与圣公会圣多马幼儿中心细组(6个月内婴儿)老师交谈

引了我，一张是教职工每天做"十式运动"的记录表，另一张是忘记做"十式运动"的记录表，如果每月忘记2次以上，就会有不同级别的惩罚，以令教职工认识到做运动的重要性。比如，被惩罚做安全健康小组会议的记录等。为什么要这样？曾主任说是为了大家都能拥有强壮的身体以照顾好这些幼小的生命。不论在以"谦卑服务"为宗旨的圣公会圣多马幼儿中心，还是以"爱人如己，彼此相爱"为宗旨的仁济医院艾王忠椒育婴园，老师们的表情都是那样平和，浑身散发着具有高度理智性和超越性爱心的仁慈。

仁济医院艾王忠椒育婴园留影

当然，古代哲学家董仲舒曾有这样的观点：仁而不智，则爱而不别。也就是说，人的爱心与仁慈中，还应当包含智慧、策略，照顾这些幼小的孩子是需要专业知识和技能的。育婴园按照月龄将孩子分成细组、中组、大组、幼儿组等不同组别，六个月以下的细组还会分得更细微，分组是为了针对月龄特点促进孩子发展。走进厨房，孩子们一天五餐的食物容器上都会贴上名字，分类非常细致：自带母乳的，家长指定奶粉的，育婴园提供奶粉的，试吃米糊、菜糊、肉糊的，正式吃米糊、菜糊、肉糊的（稠度不同），等等。走进厕所，有孩子独立如厕的地方，也有正在培养孩子不包尿布正式如厕的被称为"试

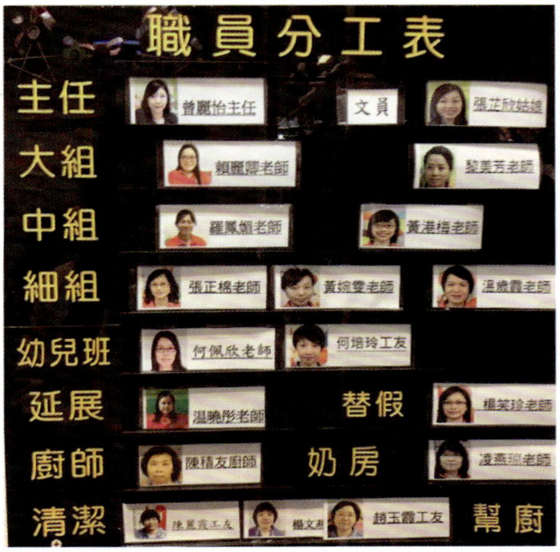

仁济医院艾王忠椒育婴园职工分工表

戒”的地方，等等。再看不同月龄孩子的每日作息时间，都会体现保育和教育整合的活动安排，比如入园时的测体温、检查、换尿布、聆听音乐、感官游戏；上、下午时段必须进行的五官觉、前庭觉、本体觉的按摩与活动游戏；专门的排洗或者训练活动；公用活动室内的体能、音乐、社会活动等。看着那些着红衫的忙碌的教师身影，与赤着脚，蹒跚却自由地在开放的教室、走廊中间走动的孩子的身影交相掩映着，这唯美的画面所流淌出来的“教育爱”，使我认识到这种爱的独特性，它是发自内心的仁慈与爱心，也是一种具备专业素养与知识和技能的行为能力。

崇尚"乖"的教育

中国传统教育向来崇尚"一"与"和",强调个体与社会、大众的同构性,在道德层面以"父慈、子孝、兄爱、弟敬"等道德伦理规范要求自己和他人。也有人甚至说,中国几千年的教育文化就是两个字:"听话"。在香港的日常生活中,我也常常会听到"乖"这个字眼:朋友、同事相聚,夸对方的孩子是"乖仔";家长与老师交谈,反映孩子在家"唔乖(不乖)";放学时老师向家长反馈,你的小孩很"精乖"啦……我们与香港同根同源,因此对于"乖"的教育是再熟悉不过了。我们从小就被要求向乖宝宝的方向努力,能听从指令、跟从教导,这才是人见人爱的好孩子。

受西方教育观念的影响,这种"乖"的教育一度受到批判:中国的孩子真乖,但是思想都差不多;给"好孩子"冠以"乖孩子"的紧箍咒,束缚了孩子的自由发展,忽略了孩子的个体价值,养成了儿童易于顺从、趋同的心理……

前不久我在大公报上看到一则新闻:香港迦南幼稚园(富荣花园分校)有三位老师在组织正式上课前,协助幼儿收拾自己的物品。这几名老师在分发书包时少走了两步,直接将书包抛在了孩子面前的桌上,或是扔在了地上,由幼儿自行捡回书包。这个视频被一名家长拍摄后放于网络上,引起了家长及社会的强烈反响。有家长认为,这是一种粗鲁的行为,并将此场景描述为"飞书包"。有些网民认为,幼儿园孩子是一张白纸,老师用什么态度对学生,学生有样学样就不好啦。我事后也细细回看了这段一分多钟的视频，在我看来，老师分发了很多个书包及书籍、物品，只有其中两三个出现所谓“飞”的动作，其实动作也不夸张，而且孩子、老师都很平静，没有描述中那种恶劣的场景。但令我惊讶的是，最后校方竟然对此郑重道歉，并解雇了三名老师。

撇开此事件中关于“自媒体时代的公民新闻该如何界定”“学校该如何应对舆情”等话题探讨，单纯就人的行为教育来说，香港民众对自身行为、文明礼仪的要求是高标准的，这种高标准和重视程度，塑造了一个个乖孩子。

我湖南岳阳的同事是这样描述香港人在公共场合的行为：拥挤的地铁车厢，每个人都能在上车的一刹那找到自己与他人不发生身体碰触的“最佳地”。最令人佩服的是，当遇到扶手把杆无从下手的时候，香港人就会选择不用扶手把杆而使出保持平衡的超强“定身术”。偶尔随着车速东倒西歪，无可避免碰到身边“亲密人”，就立即不断轻声说“唔该（对不起，“打扰”的粤语），Sorry”。看似车厢里的人埋头看书、看报、看手机，眼角余光却时刻关注着自身周围的细节，会因为身边“亲密人”终于下车而如释重负地轻嘘一口气。车内不闻高声喧哗，只听得轻声“唔该，Sorry”不绝于耳。好吧，当我每天加入这上班大军并效仿香港人的行为时，我觉得我已经将这辈子要说的“对不起”透支光了……上下电梯时的拥挤不亚于春运，但是，你只需跟随人群轻轻移动即可，不用担心挤不上去，因为没有人会跟你挤，香港人的良好秩序感在此时尽显，人们在痛苦的拥堵之中已经深谙“欲速则不达”之精髓……

由此可见，“乖”不是贬义词，不是没主见和胆小，而是能非常自觉地遵守普遍形成的规定和习惯，能有严格的自我约束力。我们住在湾仔码头附近，这是一个白领精英聚集之地，每天上下班高峰期间人流如海，但自动扶梯上的人们却始终遵照着“左行右立”的规则。幼儿园之间开展跨校互访活动，校长说出于对孩子肖像权及学校版权的考虑，请不要摄像和摄影，于是到校的每一位老师无人掏出手机或照相机，活动从头至尾只是用眼睛静静地看、用笔悄悄地记。制度不可能完善到无懈可击，正因为每一个人都“乖乖的”，都能固守着言行一致和高度自律，一个单位、一个企业、一个公司，甚至一个社会才能保持最低成本的管理，却获取最高的效益。

从这个意义上看，香港迦南幼稚园三位老师被解雇就变得可以理解了。头上星空，心中自律，康德的这句名言道出了人应该对自然及道德法则始终保持敬畏之心。幼儿园是孩子人生之初的培养地，作为培养孩子的老师，其一言一行就更需要自律与谨慎。其实，新闻中这种算不上夸张的举动在香港幼儿园中也只是个例，香港老师们的自律意识是非常强的。我一年来共驻校130次，每天待在学校8~9小时，在如此长的时间里，我从未听到任何一位老师高声地训斥孩子，没有看到他们在工作期间拿出一次手机（给孩子活动摄影都是用照相机）。

这种“乖”模样也深深地影响着孩子的言行举止。香港教育局、社会福利署在《学前机构办学手册》中的硬性规定是，每名幼儿人均楼面面积最低为1.8平方米，这个楼面面积指的是室内一切空间，但不包括厨房、通道、洗手间、职员室等辅助设施空间。香港很多幼儿园都是踩着线符合该要求的，在如此狭窄的空间里，孩子们很少高声叫嚷和上蹿下跳，总是保持着适宜的音量和适宜的动作范围。上学如果偶尔迟到了，孩子必须先去校务处，再由校务处通知班主任领回教室，用这个看似烦冗的流程告诉孩子：你迟到给别人造成了麻烦，去校务处处理解决是一种警告。

话说到这儿，我也似乎找到了这篇文章的重心：我要为“乖”的教育正名，“乖”不是死板，而是有立场、有原则的坚持。“乖”不是毫无个性，而是在遵守约定俗成的道德规范的前提下追求自我本真。

我们每一个人，每一天都应该问问自己：今天我乖吗？

牵着你的手一起走之一

——特殊儿童的校外援助网

在我园，每年招收新生后的分班环节，往往会采用按照性别、月龄、家长等信息均衡分组，新班教师自行抽签，电脑随机分配等方式。这样操作是为了体现公平，因为许多教师内心期盼着不要遇到过于特殊的幼儿，比如自闭症儿童、语言障碍儿童等。尽管这样的期盼只是某些教师内心的“小九九”，但也不可否认确实存在。毕竟教师对特殊儿童在生活和学习上的照顾与教导，三年时光存在不小的压力，还有安全问题所造成的问责及家长工作也是难题。加上幼师专业毕业的老师不具备对不同类别特殊儿童教育的专业知识，学校也没有专门对康复儿童进行特殊辅导的专业老师。种种原因，使得校方在发现特殊儿童后，总是尽力奉劝其及早就医并入读相关的特殊学校。

早在2006年12月，联合国大会就通过了《残疾人权利公约》，强调“应当确保在各级教育实行包容性教育制度和终生学习”。也就是倡导在平等和不受歧视的前提下，尽可能将残疾儿童，以及学习困难、过度活跃，甚至天才儿童等安排在普通学校，将他们的发展纳入普通教育系统中去，使得不同学习风格、不同能力和背景的特殊儿童能够接受公共教育。学校对特殊儿童的接纳，考验的绝不仅仅是我们校长、老师的良心与耐心，还在检验我们的教育理念、学校的设施及师资条件，放到大环境当中，更是在检阅整个社会对特殊儿童教育的支持系统。

香港对特殊儿童的关怀与帮助，在我看来已经相对比较完善，它架构了一张细密的支援服务网。香港教育局是特殊教育服务的主要提供者，其特殊教育服务的主要目标是:及早识别有特殊教育需要的儿童，为这些特殊儿童提供辅导服务，防止轻微问题变严重。香港教育局为在学儿童提供的特殊教育服务非常全面，主要有以下十种(见下表)，这十种服务由香港四个特殊教育服务支持组、四个教育心理服务组、一个言语和听觉组和一个资源中心分工协作完成。

香港教育局特殊教育服务一览

序号	服务种类	具体内容
1	特殊教育支持服务	★为普通学校和特殊教育学校举办与特殊教育相关的在职培训、研习班、工作坊、研讨会等 ★提供专业支持，推动普通学校以“全校参与”模式照顾学生的不同学习需要 ★推动特殊教育学校的专业发展和协作 ★为其他机构提供特殊教育专题讲座
2	转介及学位安排服务	★为特殊教育需要儿童的家长提供有关学位安排的专业意见，及根据个别需要、专业人士评估、家长意见等，转介较严重或多重残疾儿童入读特殊学校
3	特殊教育资源中心	★中心的网页提供特殊教育咨询和教学资源让公众浏览 ★提供电脑设备、多媒体器材及借书服务，方便教师阅览教学资源和制作教材
4	听觉服务	★为有持续听力障碍的儿童提供听觉服务 ★为有听力障碍儿童的学校提供专业支持及咨询服务 ★为学校人员及家长就有关听力障碍儿童的教育及服务提供训练及辅导 ★研发支持听力障碍儿童学习需要的资源套
5	言语治疗服务	★为有言语障碍的儿童提供评估及诊断服务 ★为有言语障碍的儿童提供校本支持计划，并为教师及家长提供训练和辅导 ★为学校提供专业咨询、支持服务并监察校本言语治疗服务的推行 ★为特殊学校的言语治疗人员提供专业支持服务 ★举办培训及联网活动和研发评估工具及资源套

续　表

序号	服务种类	具体内容
6	教育心理服务	★为有学习、情绪及/或行为问题的学生提供教育心理评估及辅导服务 ★就学校人员如何适切辅导有特殊教育需要的学生提供咨询服务 ★为学校提供专业支持，以三层支持模式照顾学生的不同学习需要 ★研发甄别及评估工具和教学资源，以照顾学生的不同学习需要 ★举办培训和联网活动，协助学校人员和其他持分者提升有关照顾学生不同学习需要的知识和技巧 ★支持学校处理危机事件
7	校本支援服务	★教育局为每一所公营的普通小学及中学安排一位督学或特殊教育支持主任作为联络人，以协助学校推动共融文化及发展以学校为本的政策和措施，照顾有特殊教育需要的学生
8	中心支持服务	★为在公营中、小学校就读而在情绪、行为和适应上有较严重问题的学生提供在中心举办的短期匡导服务
9	学校伙伴计划	★设立“全校参与”模式的资源学校、特殊学校暨资源中心和特殊学校暨资源中心群育学校，透过教师专业交流、到校支持和分享教学资源，促进学校之间的网络支援。在2015—2016学年和2016—2017学年，共有七所小学资源学校、六所中学资源学校、十所特殊学校暨资源中心及七所特殊学校暨资源中心群育学校
10	其他服务	★特别考试安排：就各类有特殊教育需要的学生所需的特别考试安排提出建议 ★见习专业人士的培训：为修读教育心理、言语治疗、听力学课程的学生在实习时提供督导 ★咨询服务：向幼儿中心、特殊学校、普通学校、非政府机构及政府部门提供有关有特殊教育需要儿童教育服务的专业意见

在这十种服务中，以校本形式提供的服务居多，主要是专业人士到特殊学校与普通学校两类学校开展。在特殊学校就读的都是较为严重或多

重残疾的儿童，家长如希望子女入读特殊学校，可通过社工或有关转介者，将子女的资料送交教育局特殊教育支持组办理。特殊教育支持组收到转介资料后，会根据专家的建议、特殊学校的收生区域、各区的学额供求情况等因素，初步鉴定有关儿童适合入读哪一所特殊学校。其后特殊教育支持组会约见家长，向他们讲解特殊学校的特色及商议其子女的学位安排事宜。如家长同意并签妥家长选校意愿后，儿童便会被转介到有关的特殊学校。特殊学校设立的目的是为有特殊教育需要的儿童提供适当的教育，使他们享有与其他儿童和青少年真正平等的教育权利，以帮助他们能够充分发展潜能，成为社会上独立而有适应能力的人。全香港共有60所各种类型的特殊学校。

当然，还有大量的特殊儿童仍然在普通学校就读，香港《残疾歧视条例》(1995年)和《教育实务守则》(2001年)是普通学校有义务招收特殊儿童的依据。因为大部分有特殊教育需要的孩子，如有读写障碍、听觉或视觉障碍、注意力不足/过度活跃症、肢体伤残等学生，都是智力正常的孩子，所以理应入读普通学校。政府会为普通学校提供四类支援(如图)，协助学校照顾校内有特殊教育需要的学生。

额外资源	专业支援
学习支援津贴 融合教育计划 小学加强辅导教育计划 言语治疗津贴 为中一至中三第三派位组别学生和成绩最弱一成学生的措施	教育心理学家　督学　特殊教育支援主任 言语治疗师和心理学家　校本言语治疗师 学生辅导人员
教师培训(每校) 30小时基础课程训练教师达10% 90学时高级课程训练教师3人 专题课程(如自闭症、读写障碍等)训练，中文、英文教师各1名	**识别工具及教学资源**

政府对普通学校的支援

不过，普通学校的特殊儿童如果要享受专业支援，获得治疗专家、辅导人员的帮助，还需向政府提出申请，一般每所学校有6名特殊儿童就可以获得一名专业辅导人员定期到校开展特殊教育服务，称之为“兼收组”。在校的特殊儿童需要根据其障碍程度、入园时间等因素，等候学位。因此，还有一部分特殊儿童，比如规模较小的幼儿园（全校没有达到6名特殊儿童）、暂时还等不到学位的儿童等，就未能享受到政府提供的直接专业服务。香港还有一些社会团体、教会、大专院校及医疗机构等，这种组织也有各种慈善、帮辅、研究计划，如心桥计划等，能使这部分孩子得到及时的援助。香港近两成营利性私立幼儿园，因其办学性质不能享受政府的特殊教育支援，所以这些学校的特殊儿童主要还是通过团体、组织获得帮助。

特殊儿童除了上述某些方面发展障碍者外，还有其他一些儿童，如天才儿童、资优生、家庭无能力抚养和教育的儿童等。这些孩子也会受到社会的关注及切实的教育，比如保良局举办的“留宿幼儿中心”，是招收因父母身亡、坐牢等原因造成的无人管教孩子的。香港教育局资优教育组及香港资优教育学苑，委托大专院校及其他教育机构或团体与其合作，为学校推荐的特别资优生提供富有挑战性的校外增润及延伸学习机会。

综上所述，香港一方面具有以全纳教育为特征的特殊教育，使得特殊儿童能够大量进入主流学校，另一方面又强调为特殊儿童提供有针对性的加强支援服务。基于这样先进的特殊教育理念，香港政府连同其他教育机构、社会团体等一道，牵着每一个特殊儿童的手，让他们与千万普通孩子一起成长，成长为一个快乐的人、一个有用的人、一个与社会和谐的人。

牵着你的手一起走之二

——普通学校之融情文化

融合教育(Inclusive Education),是指在平等和不受歧视的前提下,尽可能将残疾儿童或特殊儿童安排在普通学校就读,并提供最适合其需要的支持和帮助,使不同学习风格、不同能力和背景的残疾儿童或特殊儿童能够得到尽可能好的公共教育。这里所说的普通教育涵盖终身学习的各个阶段和各种形式,既包括义务教育、中高等教育,也包括学前教育、职业教育和其他社区教育。香港自1997年开始推行融合教育,至今已经走过了20年,融合教育已然成为教育界及社会的共识。

我们此次内地与香港教师交流及协作计划所涉及的100多所普通中小学,几乎每所学校都有特殊学生,每所学校都是融合教育的实践校。对一所普通学校来说,招收了特殊儿童只不过是实施融合教育的第一步,因为融合教育不是单纯地将特殊儿童进行安置的一种形式或者策略,而是促进健全儿童和特殊儿童共同发展的教育思想。“一个都不能少”和“每个都学得好”的宗旨,意味着普通学校要通过创造最少限制的环境,为不同学习能力的儿童提供适合其特点和需要的教育,为其今后全方位融入社会奠定基础。要实现这样的教育理想,建立一个和谐共融的校园文化相当重要,只有这样才能确保所有孩子都能获得接纳和互相尊重。正如我周二驻校的救世军白田幼儿学校暨育婴园周校长所说:“全园要营造一个正向的教育环境,校长、教师、家长、孩子、校董会、职员,所有人都应该为正向教育环境付出努力(如图)。”

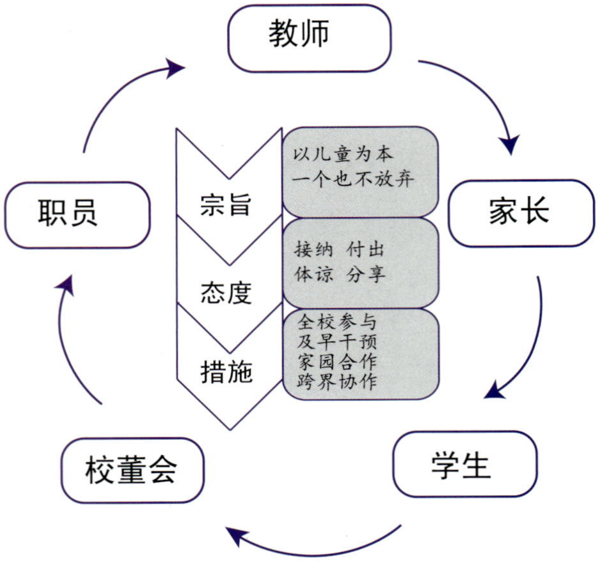

从我所驻的五所学校来看，其校园中人的交往氛围已经做到了“把各人不同的能力视为彼此间交往、合作的基础”。所以，我更倾向于将这样一种校园氛围称为“融情文化”，而非采纳源于基督教的专业名词——共融，从而派生出的“共融文化”。也许“融情”这个原意是状物抒情写作手法的词，不足以完整表达“在尊重差异、相互礼敬、相互包容的情感氛围中，特殊儿童与普通孩子一道共同提升和发展”的校园文化氛围，但是至少道出了融合教育开展的基础一定是情感——融洽的情感。

我的山西太原同事叙述的一个案例非常典型地展现了融情文化校园中教师的情感常态：她所驻学校有一位极其年轻的老师参与了这个计划，所以她每周的驻校日就会观摩并评价这位年轻老师组织的体能活动。这位年轻老师班上就有一位“专注力失调 / 过度活跃症（ADHD）”孩子。组织体能公开课时，本身由于诸多原因而造成年轻老师都会经历的课堂教学无助状态，再加上这位“专注力失调 / 过度活跃症”孩子，活动量过高和自制力弱是其显著标志，他的一个冒失举动，或者不安分却无目的跑动、打闹，会让本就有待秩序化的课堂犹如“蜩螗羹沸”。组织完一次体能活动，老师常常累得气喘吁吁，此时她会歉意地对我的山西同事说：“真不好意思，乱乱的课堂。”而我的山西同事也会安慰和鼓励道：“没关系，我主要评价你的组织过程和大部分幼儿的目标达成度，评价是一分为二来看待的。”一次，我的山西同事还对她说：“假如你觉得实在累了，或者想要实现一次无干扰的活动组织，要不你下堂课让那个男孩不要参加观摩课了，反正才20分钟的时间，让他休息一下或者玩点别的游戏。”年轻老师微微一笑，之后的体能课堂亦如往常，这位男孩儿仍然每次出现，他依旧显露着ADHD儿童喜欢抢答问题，打断别人说话的特征，因此课堂上老师每每问道：谁来给大家做一下示范？他一定是那个第一示范者。也许他动作并不规范，但无论是老师还是其他孩子，都已经习惯了他示范者的身份。课堂上的他依然无法站定，常常跑离集体，老师不厌其烦地一次次将他拉回，让他完成与大家一样的体能锻炼……

山西同事的叙述，让我想起了央视记者柴静的一段话：我们可以看到，用暴力和冷漠去惩罚一个人，会得到什么样的结果。我们也可以看到将一个人视为绝对弱者，对他刻意纵容一味忍耐，是什么结果。但我们也可以看到，即使一个人被视为不可救药令人绝望，在他能够被温柔对待的时候，他的心灵中会发生怎样的变化。是的，融合教育把特殊孩子和普通孩子合班教育的模式其实是还给孩子一个真实完整的世界。因为我们不用刻意教孩子们要互相帮助，也无需特别赞扬这样的行为。我们只希望孩子们在这样的共处过程中，认识到这就是个平常的世界，我们要在平常的世界中学会尊重、接纳不同的个性，以平常心面对特殊的人群，给别人提供方便与体谅。那位年轻老师维护的就是一个平常的世界、平常的心，这些品质不是教出来的，而是需要通过共处的体验，在耳濡目染中养成的。

当然，前文提到香港有较为完整的社会支援系统，外部专业人士的融入使得校内每一位学习者的多样化需求能被回应，在教育领域内外减少排斥，这是融情文化构建的又一个关键所在。三层支援模式就是在专业援助下各所学校普遍采用的“融情文化”构建方式（如图）。第一层支援，是学校大环境中正向氛围的营造。比如，利用自闭症孩子“对视觉信息有较大反应”的特征，校园环境中往往会有一些图像、相片提示他们课堂上的正确行为；形象的声音控制程度漫画，让他们知道在不同场合该用怎样的音量；细致的物品位置卡和划线区域，帮助孩子将自己的物品对应放置，等等，这些是为自闭症孩子营造的有针对性的学校正向环境。在此基础上，班级老师、社工、专业治疗师、机构人员、几位特殊儿童等组成的小组为他们提供第二层支援。小组支援时，专业人士、社工等每周在固定时间到校，会用游戏方式帮助矫治或引导孩子，班级教师只需要跟进小组训练孩子的进度，然后在日常的教育教学中配合小组训练的内容和策略持续帮助孩子。如果前两层支援还是未能起到足够效果的话，对个别孩子还会启用第三层支援“锦囊”，即为该孩子制订个别辅导计划，简称IEP，以提高自闭症孩子社交沟通及情绪调控的能力。

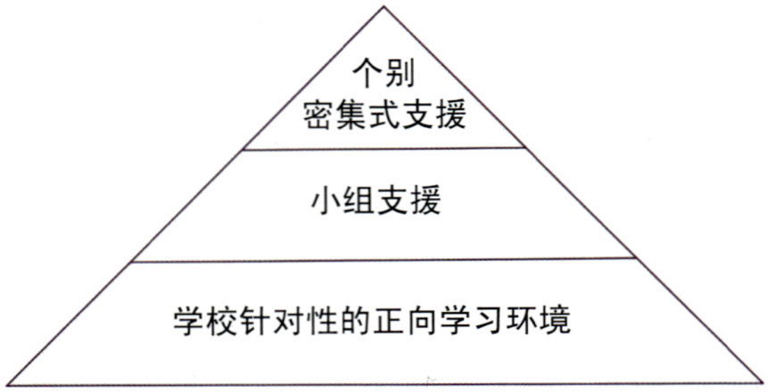

一个具备成熟的融情文化的校园，受益的不仅是特殊儿童，而是所有孩子及其父母、所有教师和学校管理层，以及所有为学校工作的人。因为每个人都会在各种各样的事件中逐渐学会包容、尊重、体谅、倾听、帮助特殊孩子。这样的人，无论是孩子还是成人，无论特教专业人士还是非专业人士，都将更容易适应这个多元的世界，更有担当，更能以平常心应对不同的人与事。

牵着你的手一起走之三

——从“游戏治疗”看游戏价值

游戏是儿童的“工作”，但这绝非微不足道的“工作”。在游戏的缤纷花园里，孩子会透过游戏表达他无法用语言传达的心意和感受。

童年的生活应该是充满游戏的生活，因为游戏才是顺应儿童天性的最佳学习方式。游戏能够反映幼儿的发展、巩固幼儿的发展、促进幼儿的发展，这已经被广泛认同，于是游戏化课程构建、教学游戏化、游戏中观察与评价等研究与实践在内地如雨后春笋般蔓延。游戏的价值挖掘当然还远不止于此，在香港，我又看到了“游戏治疗”的切实用途。

游戏治疗的历史渊源要追溯到1919年的哈葛·赫尔马斯，他开始注意到把治疗成人的方法运用到儿童身上的困难，他发现儿童的心理解析是独特的，与成人有差异，于是游戏在心理治疗的课程中被采用。其后，安娜·弗洛伊德和美拉尼·克莱恩写了许多游戏在心理治疗方面的用处。这三个治疗师的工作，戏剧性地改变了儿童心理治疗的方法。其后在20世纪30年代末至40年代，游戏治疗又掀起过两波热潮。随后，游戏治疗领域持续发展，产生了众多的方法。游戏治疗之所以逐渐被运用于更广泛的儿童治疗领域，是因为游戏不仅能促进正常儿童的发展，也能改善偏差行为。心理学家查理斯·雪芙尔就列出了许多游戏治疗的因素，比如克服抗拒、沟通、支配、宣泄、角色扮演、强化关系、掌握蔓延的恐惧，等等。香港对特殊儿童的治疗和训练中，游戏治疗方法运用较多，我和我的同事驻校期间，经常可以看到职业治疗师、言语治疗师等到校支援，采用游戏的方法治疗学校兼收组的孩子。只是整个社会都很保护特殊儿童的隐私，所以一般治疗师到校工作时都在一个独立的多功能房间内（专业上称为“游戏室”），除了本班的老师或者幼儿家长可以跟随治疗过程，以便能学习相应的治疗方法配合延续治疗外，其他人是不允许看到治疗过程的，更忌给这些儿童拍照、谈论他们的相关信息等。但是我们大家对治疗的专业性很感兴趣，在经得允许的情况下，有时也获得了少许的机会可以了解一二。

比如，我的太原同事在周四驻校的幼儿园，看到治疗师将掺和了不同彩色颜料的剃须泡沫，挤在三位被诊断为轻度自闭症倾向的孩子手上，只见这几个孩子浑身上下穿着雨衣、橡胶袖套，正跟随另一名治疗师将泡沫涂抹到铺着黑色桌布的桌子上。他们像正在揉面的工人，也像舒展着自己肢体的舞蹈家，将手中的一堆泡沫抹成面积大大的一片，几个孩子都表现得很开心，不时发出会心的笑声。当手里的泡沫抹完以后，老师在他们的手上又挤上不同颜色的泡沫，于是他们又重复大面积抹泡沫的工作，循环往复，直到桌面上的多种颜色全部混杂在一起，变成深灰色。治疗师说，这个游戏可以舒缓孩子的情绪，剃须泡沫特有的触感能给自闭症孩子以触感学习，因为这些孩子的大脑可以接受感觉信息，只是大脑分辨信息的能力非常奇特，常常是接受其中一部分，另一部分则完全拒绝，只要能进到大脑皮层的信息，自闭症孩子会学得比任何人都好，所以触感学习是每次治疗的重要内容。

我的江西南昌同事分享了另一个自闭症孩子日常生活自理能力培养的案例，因为对这些孩子来说，生活自理能力很难伴随年龄增长而自然增长，所以往往需要积极的教育训练来协助。这个孩子每次在园吃饭的时候，班级里固定一名老师陪伴他。只见老师要求孩子吃饭时要像她一样，用双手拿着碗吃饭，不能将碗搁置在桌上，这是避免自闭症孩子容易被其他声音、玩具等干扰，出现吃饭跑开的现象。每次吃饭前，老师还会引导孩子观察自己碗里的饭菜有什么，然后一样不少地画在一个磁性小白板上。吃饭时，小白板就放在孩子身边，每当孩子把一种菜吃完，老师就会用小擦板擦去一种，并积极表扬和鼓励他。自闭症孩子往往都有比较严重的挑食、偏食现象，所以这个游戏就是为了逐渐纠偏孩子的饮食习惯。这些要求及游戏方法，是职业治疗师传授给班级老师的，这位老师需要每天在固定的时间、固定的座位，陪伴着孩子重复着固定的要求与游戏。

到校支援的治疗师每周于固定时间来园，有时是对一个孩子单独治疗，有时是六个孩子以内的小组治疗。治疗前后，他们还需要和班级老师、孩子家长等进行沟通、交流等，以改进治疗，开展儿童发展评估，或者取得班级老师及家长的积极配合。我通过和治疗师短暂交谈，了解到游戏治疗分为很多种，比如：想象式治疗、说故事治疗、艺术游戏治疗、规则游戏治疗、玩偶游戏治疗、玩具与物件的治疗、群体游戏治疗等。这些治疗师既会组织适用于多人的小组训练活动，也会根据每个孩子的情况定制个性化的治疗方案和进程。每个孩子个性化的游戏训练内容，每一项都会有一式两份记录表，一份是治疗师到校服务给孩子治疗时使用，另一份会给家长，是家长在家中继续给孩子训练的记录。

有幸的是，在我零星地通过普通幼儿园兼收组的训练服务，对游戏治疗初步有所了解时，3月17日，幼稚园校本支援组安排我们到香港基督教服务处下属的“摩利臣山儿童发展中心”参观学习，在这家儿童发展中心就读的孩子是经过专家评估后，被认为不适宜在普通幼儿园就读的特殊儿童。在我们参观期间，中心有60名孩子，其中40位都是自闭症孩子。

在这里，通过中心主任的详细介绍，我更加深了对香港完善的0—6岁特殊儿童服务训练体系的了解。最令人欣喜的是，我们被允许在指定的时段进班或区域参观，近距离地接触游戏治疗。

当天是周五，中心有固定的家长示范课活动，只见六位孩子在家长陪伴下参加此次感统训练活动。在这个中心最大的房间里，职业治疗师已经将本次活动的四个感统游戏用文字贴在墙面显眼处，然后邀请一位孩子配合对这四个游戏进行示范，最后老师在每个游戏的起点处摆放了一个塑胶圈，表示这里是起点，如果孩子选择的游戏人多时此处也作为等候的区域。随着老师一声令下，家长和孩子都迫不及待地投入这些好玩的游戏中。比如"豆袋秋千"游戏，孩子必须趴在一个软质的秋千上，家长会前后摇动秋千，孩子需要在晃动中将球投入不远处的框内。再比如"拉架隧道"游戏，家长模仿治疗师示范时的情境，将小乌龟等动物玩具装作不小心的样子丢入两个高约1.2米的皮质空心圆柱体里，并说：哎呀，小动物跳进去了，小动物掉进去了……然后孩子也会跳入"隧道"里，把小动物搭救上来。家长们显然参加了多次这样的亲子活动，狭促的房间里，每个人无需老师分配，一边关顾自己的孩子，一边都自觉地担当起摇晃秋千、投掷小动物、将孩子滑向对岸的滚筒放回原位等辅助工作，就像事先讲好的一样配合无间。孩子们也投入其中，欢笑声连连，偶尔也会掺杂进这些孩子特有的尖叫声和哭喊声。

从多功能室出来，就是一个美术创意区域，四个孩子"全副武装"，在一块巨大的玻璃涂鸦墙上用油漆工的滚筒刷颜料。再往前走，七位属于该中心发展最高层次的孩子正在三位老师的带领下听一段音乐。这段音乐前面短促的跳音与后面舒缓的长音形成了鲜明的对比，形象化地展现了洗澡时花洒滴水、放水的不同声音。孩子们在反反复复的音乐播放中，在一张印制着花洒图案的画纸上，用点表示滴水，用长线表示放水。音乐区域不远处，用矮矮的屏风阻隔着的区域，中心内发展最为迟缓、病情最为严重的孩子正在用各种玩具、物件进行治疗，一个看起来只有7个月大小但实际已近5岁的孩子仰躺在巨大的胶球上，一位老师推着球慢慢地滚动，另一位老师扶着孩子并不断地用语言跟他交流，尽管那个孩子没有任何肢体及语言的反映。周边的几间教室里，也正在进行着各种单独或小组的训练游戏，比如一边玩吹泡泡游戏，治疗师一边引导幼儿去抓、握泡泡，然后老师不断重复着"吹泡泡"的粤语发音，再让孩子到老师的iPad上寻找吹泡泡的相应图案（这是一个由香港匡智会和两个慈善基金开发的App软件，主要用于言语障碍孩童的沟通治疗及语法学习），当点击正确后，iPad里会发出欢快的乐音并伴随不断重复的语言"吹泡泡、吹泡泡……"，尽管这些孩子几乎没有语言，但是老师们希望通过语音的不断刺激，能让他们理解常用语的含义，并期待他们早日开口说话。

摩利臣山儿童发展中心只是基督教服务处下属多个特殊幼儿中心之一，在不同区域还有另外6个。在香港，其他还有匡智会、协康会等团体举办的类似连锁的特殊幼儿中心。0—6岁儿童在中心每周五天全天进行生活、学习、训练的服务被称为S位服务，摩利臣山儿童发展中心提供的就是S位服务。一般在此至少一年以上，通过评估认定有所发展的孩子，会被转入早期教育及训练中心，俗称E位服务。"E位"表示每年训练治疗的时间不少于68小时。如果孩子发展更好，就进入普通幼儿园，就是我上述提到的，在普通学校继续参加兼收组的后续治疗，俗称I位服务，即每年训练治疗的时间不少于18小时。当然如果是超过6周岁的孩子，就要根据评估进入普通小学或者特殊学校了。

不论在哪一种特殊儿童的服务中，我都看到了游戏治疗的广泛运用，毕竟它面对的是一个0—6岁的婴幼儿群体，游戏是婴幼儿认识和理解世界的基本方法之一，无论他是一个健康的孩子还是有任何缺陷的孩子，这种认识和理解世界的方式不会变。游戏有益于孩子处理情绪障碍，有益于成人进入孩子的世界后引领他们开展科学有序的矫治和纠偏。游戏最容易让有缺陷的孩子与这个世界保持沟通和互动。游戏是儿童学习有关他们自己、别人及他们周围世界的方法。

香港的“催谷文化”

“催谷”是一个粤语词汇，起源于香港，在内地较少使用，原来意指将谷种先放在营养液中培养，然后再栽植，即促进其成长的意思。但渐渐地，这个词用来形容家长在培养孩子的过程中一味灌输知识与技能，揠苗助长，以及过早让孩子陷入学业竞争的教育现象。这种现象在香港由来已久，比如每年都有“最具教育竞争力”中学、小学的学校龙虎榜，家长们为了让孩子能进入名校，疯狂地让孩子参加各种各样的补习班。香港教育制度分为本地和国际两个体系，本地体系又包含公立、私立及政府直接资助学校（简称“直资学校”）三种类型。孩子进入哪个体系接受教育，幼儿园是关键的第一步。香港《信报》曾有文章指出：香港孩子的起跑线1960年时还在小学一年级，在此之后，起跑线就推至学前阶段，然后不知从何时开始，起跑线又提前至Playgroup（早教，早教机构）。这种愈演愈烈的“催熟”孩子的教育现象，称为“催谷文化”。

据香港《经济日报》报道，香港孩子最不缺的是功课及兴趣班，放学后的时间表总是排得密密麻麻，从早忙到晚，比打工仔还要忙，家长担心子女无所事事是荒废学习。该报就有一项访问逾千名幼儿园、小学或中学学生家长的调查，结果表明，香港学生每周平均学习时间达到62.2小时，相比全职打工仔每周平均工时的49小时还要长。所以曾有这么一句玩笑话：香港家长最怕孩子有空闲。家长对自己孩子的催谷现象，我在幼儿园中也是随处可见的。比如由于学校多为半日制，所以很多家长给孩子报读了两所学校,一所学英文,另一所学普通话(或者其他语言),中午急匆匆由祖辈或佣工将孩子接回家吃午饭,于是下午班在课堂上我们就会见到不由自主打瞌睡的可怜孩子。香港浸会大学新闻系兼职讲师屈颖妍出版了一本书——《怪兽家长》。在她眼里,香港的教育就是一场“人肉宴”,人人都想避席,却人人都要出席;人肉没人想吃,但人人都要吃,一口一口,由苦舌涩脸吃到成为习惯。屈颖妍说,作为母亲,她觉得自己就是鲁迅笔下那个吃孩子的女人,伤口在冒血的就是自己的女儿们。

香港学校在收生时,还充斥着各种面试现象。九龙塘是香港传统的名校区和豪宅区。一家较为有名的基督教幼儿园近日公布了K1(小班)的收生情况:在超过4600位报名者中录取125名,录取比例不到2.7%,也就是说100个孩子里面只有不到3个能被录取,真可谓“百里挑一”。香港幼儿园收生一般提前一年进行,这意味着3岁上K1的小孩,需要在2岁时参加面试。如果要在2岁时进入小小班(N1或Playgroup)以获得更大机会入读心仪学校,意味着宝宝们一岁半不到就要开始面试。

上述学校龙虎榜排名、收生时竞争激烈的面试、各种早教或兴趣班层出不穷,种种社会现状也进一步助推家长的催谷心理。

家长如此,学校中是否也存在这种催谷文化呢?去年我刚来港不久,在2016年11月2日的香港《明报》上看到题目为《学写“国”“旗”,K2生每日练36字》的报道。文中说,近日多名家长在网络讨论群张贴自己就读K2(中班,4周岁左右)的孩子每日抄写的作业,幼儿园老师布置孩子每天抄写36个中文字,另外每天还时常有英文及数学的抄写练习作业。老师在批改中还会用红笔圈出写得不够工整的字,因此导致孩子压力十分巨大,个别孩子讨厌执笔,连画画都抗拒,最终只能转学。

走进一所所幼儿园,这些本该是一个个游戏乐园的场所,却被各种各样的印刷品包围着。教室内外,到处张贴着字母表、计算口诀表、日历、中国文字、海报,等等。美国耶鲁大学儿童研究中心的Erika Christakis教授认为，学前阶段最重要的是听、讲和交谈，以及培养孩子的学习兴趣和好奇心，所以课程应该是“意念为本”(ideas-based)。但是看这满墙的印刷品，俨然课程已经转变为“标记为本”，教师的职责也转变为教和操练孩子读写。所以Erika Christakis就指出，家长过早地让孩子花大量时间学习和操练读写，以为是赢在起跑线，其实反倒弄巧成拙，害苦了孩子。

神召会华人同工联会景盛幼稚园中班的孩子每日都要这样练习写字

神召会华人同工联会景盛幼稚园中班的老师正在用红笔批阅孩子的练字作业

针对上述催谷现象，香港教育局在多年前就出台了《幼稚园应做和不应做的事项》，此文件最新一次修订是在2012年2月。文件从“学与教”“学习评估”等几个方面，采用“应做”和“不应做”的对比表述，明确指明教育行为的正反两面。

比如：(1)习作分量要适当，内容要多元化；不应要求幼儿做机械式的抄写练习，不应为幼儿安排操练式的计算练习。

(2)如要向幼儿提供初步接触英语或普通话的机会，学校必须聘请有适当语文能力的教师，通过游戏和活动，如简单的儿歌、唱游、谈话及语文游戏等做介绍；不应要求幼儿抄写英文单词和强记英文词汇的拼法。

(3)评估方式应透过持续性的观察，记录幼儿在各方面的表现和进展；不应以默写、测验或考试作为评估幼儿的方法。

2017年3月最新修订的香港《幼稚园教育课程指引》，在“入学适应与幼小衔接”“家校合作与社区参与”等多个章节中申明，应培养幼儿的自信心、学习兴趣和求知精神；学校、家长都不应追赶小学的课程，坚持小学才是学科教育的起点；家长不必安排幼儿参加一些只为准备升小一的面试班、学习班，以免加重幼儿的负担；小学应考虑推迟半个学期或一个学期，才正式实行家课（回家作业）、默书、测验的安排……

香港教育局在多个重要的文件中如此强调并引导幼儿园、家长、社会正视孩子当下过早的学业负担及竞争压力，倡导培养孩子知识与技能以外的素质，这无疑是在给催谷文化“降温”。但是我想，这种文化氛围的形成不是一朝一夕的，香港在这方面要走的路，还有很长……

“卖旗日”看人的慈善意识培养

来香港不久我就听说了“卖旗日”，颇觉新鲜。什么是卖旗日？“卖旗”就是通过注册被政府认可的公益组织、团体进行公开筹款的一种方式。那么“卖旗日”就是这些组织和团体的义工，在周三或周末，到街头巷尾、地铁站等处向广大民众筹集善款的日子。当你把善款投入他们的筹款箱，义工就会把印有机构logo的小贴纸贴在你的身上，表示你是一名光荣的捐款者，同时也等于告知其他义工，身上贴有这个小贴纸的民众，请不要再去打扰他(她)了。

这种募款方式源于20世纪四五十年代。最初确实会发给捐款者一面小红旗，所以称之为“卖旗日”。后来逐渐改为发放附有大头针的红色鸡毛，方便捐款者别在衣服上，这样利于其他民众看到你是一名捐款者，起到激励作用。时至今日，红色鸡毛又转变成了印有机构logo的硬币大小的贴纸，这样一来制作成本降低了，还能给该组织或团体打个广告。

当然，“卖旗”并不是哪天想卖就卖，想卖多久就卖多久，而是受到严格限制的。各家公益机构与团体，必须提前一年向香港社会福利署提出“卖旗”申请，经抽签后向民众公布各家机构与团体具体的卖旗日，时间仅限卖旗日当天的早上7点到中午12点半。这样，各个机构与团体的卖旗日也能错开一些。卖旗地点也有严格规定，有些机构与团体可以在全香港举行活动，有些机构与团体的活动区域仅限港岛、九龙、新界三者取其一。其他还包括捐款箱和钱袋的外观设计、义工招募广告等都要经过社会福利署批准，卖旗的位置也有详细规定等。社会福利署规管的内容，更重要的还有“钱”的收支情况，通过卖旗日及其他与卖旗相关的活动获得的捐赠具体是多少，最后用于哪些项目的具体开支等，都要向社会福利署报批。

“卖旗”是一种慈善行为，慈善意识是现代公民人格塑造的重要元素，公民之所以称“公”，就是要意识到自己对他人、社会、国家、人类所负有的义务和责任。公民的慈善意识淡薄还是浓厚，除了与社会慈善制度健全与否及慈善法律完善程度有关系，同时也与慈善教育有关，而学校教育是慈善教育重要的组成部分。在我看来，以“卖旗日”为载体的慈善教育，融入香港的幼儿园及其他学校的课程是一种很自然的现象，原因一是香港的学校都是由集团、团体或机构举办的，所以该学校所属集团、团体或机构的卖旗日，是学校重要的社会活动，教职工、家长和孩子会积极参与其中。其次就是这些公益机构或团体的组织制度比较健全，上面所述的卖旗活动整个流程规范，公开透明，使得民众信任这样的慈善活动。这一点非常重要，这是慈善活动进入学校、融入课程的重要精神基础和社会依托。再次，每个卖旗活动都有明确的主题，能让老师、家长和孩子清楚地知道此次活动究竟是为怎样的弱势群体募款。比如我所驻的学校天主教圣伯多禄幼稚园，有过专门为中国内地贫困儿童捐款的慈善活动；救世军白田幼儿学校暨育婴园在今年4月1日，专门为老年人中患慢性病的人群卖旗，于是，家长和孩子就能与这类弱势群体一起走上街头开展卖旗活动。具体指向某一类人的卖旗活动，能让孩子们深入了解这类弱势人群具体的困苦，增强为这一类人提供帮助的知识技巧与能力。另外，孩子们参与卖旗活动，除了卖旗日当天跟随老师或者义工家长上街参加募款活动外，还会在卖旗日前后开展与之相关的、孩子力所能及的慈善活动，比如捐赠自己的食物、为卖旗日制作美工礼物，等等。这些以义卖、比赛、运动等为方式的慈善行动，既丰富了慈善活动的形式，也更能让参与者体会到活动意义所在。

其实慈善在我国是一种古老的概念,《北史·崔光传》有曰:“光宽和慈善,不忤于物,进退沉浮,自得而已。”而在此之前,《韩非子·内储》有曰:“王曰,慈惠,行善也。”即以慈爱优惠来做善事,直接释义大约是“以慈行善”。慈善作为既传统又现代的文化现象,在如今和谐社会构建中更有弘扬文明道德、化解社会矛盾、提升公民意识等价值功能。贵州师范大学历史与政治学院罗竖元教授就将慈善意识分为五个维度:感性认识层次、知识层次、态度层次、评价层次、意向层次。他的这个观点,很好地将慈善意识培养和慈善教育落实到具体操作及评价的层面。香港幼儿园及中小学校,通过“卖旗日”及其系列慈善活动,能够比较充分地从这五个维度从小培养孩子的慈善意识,帮助他们形成慈善习惯。

慈善教育需要“落于心,重在行”,慈善意识与行为习惯离不开道德的熏陶和润物无声的文化心理影响。以“卖旗日”为载体的学校慈善教育,校长、教师、家长、孩子,以及团体和社会人士全员参与,孩子也就耳濡目染,知道分享、关爱和帮助那些弱势人群,早早在心灵中埋下慈善的种子。

关注儿童发展中的文化安全

文化安全是指一个国家或民族的文化价值体系，特别是传统文化价值观、主流文化价值体系等免遭外部文化因素的侵蚀、破坏和颠覆。文化安全是一个国家、一个民族安全体系的重要组成部分，是政治安全、社会稳定的有力保障。文化在儿童成长中起着重要作用，维果斯基的文化历史发展理论指出：儿童心理发展基本上受社会的文化历史发展规律所制约，社会文化环境对儿童的影响是巨大的，儿童正是在与他所属的文化环境的互动中建构自己的认知结构，实现人格的不断完善。

当前，在信息化浪潮将全球经济融为一体的全球化背景下，儿童发展中的文化安全不得不引起教育工作者乃至社会的重视。前几天我所在城市的一家幼儿园班级中发生的一个案例就具有一定的典型性：万圣节前夕，班内孩子自发地从家里带来了与节日相关的物品，有些带来了节日装扮的服饰道具，孩子说这是为参加英语早教班的相关节日活动准备的；有些带来了南瓜灯，孩子的家长说最近菜场上、水果店里，南瓜坐上了“头把交椅”，商户会向顾客推销，加之孩子从电视里看到南瓜灯觉得很好玩，就帮助孩子做了几个。于是，随着班级里节日物品陆续增多，老师觉得资源不要浪费，而且当下正在开展有关“地球一家人”的主题活动，想着可以顺势让孩子们感受刚刚认识过的西方国家的节日，于是就让孩子们穿戴上服饰，举着南瓜灯，轰轰烈烈体验了一番……一切都是如此的“顺其自然、水到渠成”。那么，这种看似“顺势而为”的背后，成因是什么呢？从文化安全的角度我们该反思什么呢？

“洋节日”在商业利益和营销包装的推动下，从电视、网络等宣传渠道，从人们日常生活用品的购物渠道，以及从偏向经济利益的早教、语言培训机构等，无孔不入地刺激着孩子甚至家长的感官，使得他们通过环境不知不觉地受到熏陶和感染，这是这个事件发生的外部诱因。事件中的家长以及老师，他们是这个事件发生的内部动因，作为孩子最亲近的人、孩子的启蒙导师，他们缺乏一定的“文化免疫力”，在当前多元文化并存的社会现状面前，文化自觉与文化自信心不够坚定。加之幼儿园课程相对于中小学课程弹性更大，教师调整、创造课程的权利更多，如果缺乏对全球化背景下涌入国内的各种西方文化的价值判断力，就极易成为儿童成长与发展过程中威胁文化安全的助推手。

全球化是一个客观的自然过程，不可回避也不可逆，身处全球化背景下的教育工作者要承担起维护本国文化传承的使命。因为学前儿童思想还不成熟，身心发展处在塑造期，给幼小孩童根植什么文化价值观，他们就有怎样的文化价值观，甚至会影响孩子的一生。所以，我们首先要审视幼儿园的课程，各个学校的课程特点可以不同，但以本国文化、本土文化为主的价值取向是不变的。而且要渗透到体育、艺术、科学等各个领域和学科，通过儿童喜欢的方式和感官并用的手段，加强孩子对本国、本民族文化的认同感。其次，对西方文化要本着“尊重但不融入”“认识但不认同”的教育观点，逐渐培养孩子的文化自觉性。比如：可以让孩子介绍一下自带的“洋节日”物品，从科学认知的角度认识该西方节日的来源及节日目的、价值等，但是不必为节日营造氛围，引导孩子体验“洋节日”的氛围与意义。当社会上某个西方节日的浓厚氛围对孩子产生一定影响时，老师和家长要引导孩子将其与我国类似的节日进行比较、认识，让孩子知道中西方都有类似目的和价值的节日，但是在时间、内容、形式等方面是不同的，强化孩子对本国文化的自信。

当然，除了学校、家庭要维护儿童发展中的文化安全，社会、政府也同样要对此负责。比如，加强文化安全的法制建设，人们日常生活的各渠道要多宣扬传统文化习俗及民族生活方式，保护和创作孩子喜闻乐见的本国儿童文化作品，等等。总之，在中华民族伟大复兴目标的实现过程中，儿童成长和国家文化安全应当引起各方重视，并为之提供坚实保障。

早早盛开的“廉花”

——香港幼儿园的廉洁自律教育

记得我刚参加工作的20世纪90年代正是港剧兴盛之时，古天乐主演的《廉政追缉令》令人痴迷。这是最初我对香港廉政公署（即ICAC）的了解。电视剧里，当廉政公署人员向贪污者亮出身份，并伴随那句“我是ICAC”的经典台词时，仿佛就是正义的使者降临人间。从那时起我就知道香港防贪腐非常公正严明，办事行之有效。

来香港没多久，香港教育研究发展中心的詹华军总监，在对我们内地教师的《赴港生活管理和注意事项》培训中就提到，不要给香港教育局的领导或同事送礼，请吃饭也只有上级自掏腰包宴请下级，所以也不要请教育局领导或同事吃饭……詹先生这样的提示是有据可循的，香港廉政公署颁布的《公务员防贪要诀》手册中有公务员《接受利益（行政长官许可）公告》，公告中详细列出了公务员接受利益的许多规定。按其中的条款，给公务员送礼的人必须不是文件列明的其下属，且与其任职部门亦没有公务往来，或者公务员仅以私人身份接受礼物，但只限在生日场合接受不超过1500港币的礼物，其他场合不超过250港币。

走进幼儿园，我们看到校长案头及教师的橱柜里，也摆放着由廉政公署防止贪污处编订的《幼稚园校董及职员行为守则范本》，范本中非常细致地列明了领导与职员，职员与家长，学校与供应商、承办商、志愿团体，校董职员的关联家属与学校、供应商等各种关系之间收受利益的规定、惩罚条目等。假如确有在规定范围内收受的利益，都要填写申报书，以公务名义收受的礼物必须与在校的孩子、职员共享。范本中还列举了很多相关的例子以供参详。廉政公署对幼儿园的规定都如此细致周到，这从一个侧面反映了政府已经将廉政教育的触觉延伸到社会各个角落，无论是学校还是社会，都给了孩子一个很好的示范及纯洁环境。

谈到廉洁自律，当然不仅仅是针对权力阶层、执政部门，以及公务员的制约和教育，教育早期化是香港廉洁教育的一大特点。廉政公署的“社区关系处”（见行政架构图）联合公民教育委员会，为幼儿园的小朋友编写了廉政教育的绘本、视频资料，这些公开教材不仅种类多，而且非常贴合幼儿的理解特点，既充满人情味儿，也很生活化、童趣化。比如有一套《大道理小故事》绘本，采用的是香港家喻户晓的卡通动漫形象——麦兜和麦唛，共十二本书，图文并茂地讲述了与孩子学习、生活、社交密切相关的故事，并将“学会自律，防止贪念”的意识渗透在故事中，读来是如此自然贴切，令人心生欢喜。

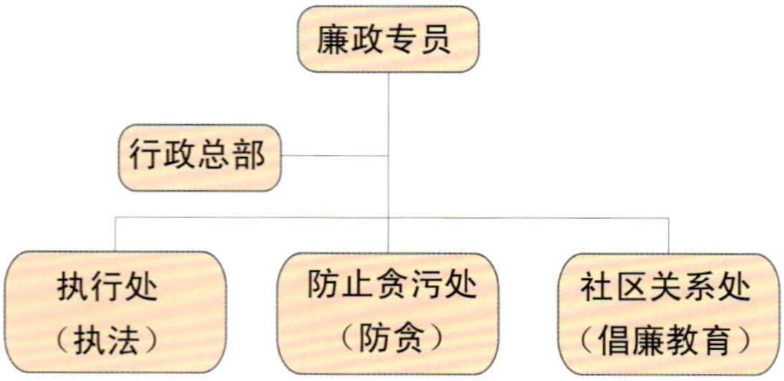

香港廉政公署行政架构图

第一个故事——《生命里的一天》

图一：麦唛（麦兜的表弟）第一天上学，妈妈一早便替他准备午餐。餐盒里有麦唛最爱吃的三明治、朱古力蛋糕和一个桃。妈妈知道麦唛馋嘴，再三叮嘱他要到午餐时才吃盒里的食物；那个桃则要留待放学后才吃，免得返家途中肚子饿……

图二：麦唛接过了午餐盒，同时生起一种很特别的感觉，这是他第一次捧着食物而不立即把它放进肚子里呢！

图三：上了校车，东张西望了一阵，麦唛忽然想起了自己的午餐盒，忍

不住轻轻揭起了盒盖的一角,嚯!那是三明治、朱古力蛋糕和一个桃啊。但麦唛记着妈妈的话,他把盒盖盖好。

图一

图二

图三

图四:听课之余,麦唛也有想起过自己的午餐盒,看!是三明治、朱古力蛋糕和一个桃!

图五:但麦唛知道盒里的食物要到午饭时才吃。"你以为我会忘记吗?"麦唛自己跟自己说了这句话,便继续他的学习……

图六:中午,大家都急不可待地取出他们的午餐。麦唛看见小羊吃的是麦饼;小白鼠的午餐却是一大块软芝士……这些都是很不错的午餐呢!

图四

图五

图六

图七:当然,麦唛更喜爱妈妈给他的三明治、朱古力蛋糕……还有一个桃。麦唛望着桃一会,最后还是把盒盖盖上,因为那个桃是留待放学后才吃的嘛!

图八:只是在老师讲故事的时候,麦唛确曾想起过那个桃……排队上洗手间的时候也想起过一遍。

图九:可是麦唛始终没有吃了那个桃,就只在手工课上忍不住揭开盒盖看了一眼。

图七

图八

图九

图十：最后，当老师叫小朋友到学校门前排队等候校车时，麦唛才把他的桃取出。

图十一：啧啧啧……好味道！

图十二：回到家里，麦唛把那只剩下一粒桃核的午餐盒交给妈妈。麦唛问妈妈可不可以要那粒桃核，妈妈说可以。

图十

图十一

图十二

图十三：当晚，麦唛折了一个纸盒，在盒盖上很小心地写上A、P、P、L、E（释义：宝贝、珍宝）几个英文字母。

图十四：他把桃核放在盒里，合上盒盖。麦唛躺在床上，望着盒子，想了些什么，便睡着了。这时月亮刚刚在窗外经过。月光洒落在放桃核的APPLE盒上，也照见麦唛熟睡中的微笑。

图十三

图十四

在香港，孩子上学或大人上班，带上家里做的便当是很普遍的现象。对于麦唛来说，他第一次带便当上学，这一天虽是生命里平凡的一天，却意义非凡，正如麦唛自己所言“第一次捧着食物而不立即把它放进肚子里”。他逐渐学着如何在漫长的一天中，抵抗住美食的诱惑。想想可以，看看也罢，但最终必须控制自己的行为，待到规定的时间才能吃规定的食物。也许这并不是一件多么了不起的事情，这是香港很多大人、小孩每天必须做到的事情中不起眼的一件。可是对于一个刚入学的孩子来说，每天学着控制小小的欲望和诱惑，今后才能在人生路上抵挡住更大的欲望和诱惑。正如佛家所言：一切妙欲如盐水，愈享受之愈增贪。只有少欲无为，身心才能得自在。书中的结尾处，麦唛向妈妈要来自己吃剩下的桃核，他无比珍视地把桃核放在一个写有“宝贝”的自制纸盒中，那是麦唛抵挡住诱惑，按规矩做事后如释重负的寄托，也是他学着战胜自己、超越自己的象征物。

第七个故事——《没有人在的时候》

图一：有人在的时候，麦唛把橙皮放进垃圾箱里。

图二：没有人在的时候，麦唛把橙皮放进垃圾箱里。

图一

图二

图三：有人在的时候，麦唛冒着寒风从温暖的泳池爬出，到洗手间小便。

图四：没有人在的时候，麦唛冒着寒风从温暖的泳池爬出，到洗手间

小便。

图三

图四

图五：有人在的时候，麦唛唱了首很动听的歌给大家听。

图六：没有人在的时候，麦唛唱了首很动听的歌给自己听。

图五

图六

图七：没有人在的时候，麦唛把半边鸡吃了，另一半留给麦兜。

图八：麦唛在想："麦兜一定会很欢喜！"

图七

图八

图九：没有人在的时候，夜空的星依旧闪着闪着。

图十：有人在的时候，爸爸、妈妈、朋友、星星，还有麦兜很开心地发现了麦唛留给他的半边鸡！

图九

图十

这又是一个充满温情的故事,故事中的麦唛在“有人在”和“没有人在”的时候都坚持做着同样的事情。没有表扬,甚至好似没有人知道,但他依然故我地坚持着。也许这样的绘本读来平淡无奇,波澜不惊,但恰是在平淡中真实地反映了我们的生活,将生活中时刻应该遵守的规则向孩子娓娓道来,帮助孩子加强对道德概念和意义的理解。

根据皮亚杰的“道德发展阶段理论”,10岁前的孩子尚处在“他律道德”阶段,培养孩子从“他律”走向“自律”,没有速成法,没有捷径可走,它靠一点一滴来积累,靠贴近幼儿生活的一件件小事来体现。香港幼儿园在廉政公署及公民教育委员会引导下的这种“廉洁自律”教育,没有“唱高调”,没有“假大空”,给人踏地而行、温情脉脉的意味,我真的很喜欢。

香港教育局的服务性

——以学前教育为例

香港政府的定位是服务型政府，这也是香港成为全球最具竞争力城市之一的重要优势，其遵循“小政府、大社会、大市场”的执政理念，在我没来香港之前已有所耳闻。通过近一年隶属于香港教育局幼稚园校本支援组，与同组同事合作开展到校支援服务，以及在该计划主任谢碧云女士的带领下，深入走进香港教育局下属的多个机构参观学习，我对“服务型政府”的内质有了些许的了解。

首先，从行政目标与手段来看，香港教育局与学校合作多于强制，服务重于管理。在香港没有“行政推进”一说，管理手段的权力性、强制性色彩非常淡。香港教育局与学校及其他学前教育机构合作，主要本着民主、协商、合作的精神。我们同行有位来自湖北武汉的小学语文老师徐莉，她就曾经向教育局官员提过一个问题：假如学校的利益或者意见与教育局相左，听谁的？教育局官员斩钉截铁地回答：听学校的。这个简短的回答很好地反映了“服务是政府天职”的定位，真正把学校主体作为“上帝”。我们内地教师共40人，都归属于教育局的校本支援组，只是支援组的学科不同。这个校本支援组就完全是一个服务部门，职责是协助学校开展校本课程建设与实施，按照质素评核的要求向学校推广自我评估，同时落实当前一些教育理念与政策，比如：如何帮助非华语儿童适应学校与社会生活；如何将传统文化融入校本课程，等等。这种方式就是教育局在其职责范围内为了实现一定的行政目的，而采取到校帮助、引导、规劝、建议等非强制性的行为，是一种行政指导。其他还有通过行政契约、行政奖励、行政给付等手段来达成行政目的，比如：学前教育学券计划、非牟利幼稚园租金发还计划等，都是以行政给付或奖励来保障和鼓励合法的、符合行政要求的办学团体及个人。

其次，从行政立法来看，淡化“官意”而强调“民意”。教育局每一项政策或要求出台，事先会根据专业人士的相关评估报告来拟定。拟定初稿后广泛征求各界的意见和建议，也会在网站上公布，普通民众都可以在规定的时间期限内提出自己的看法。比如，2017—2018学年开始施行“免费优质幼稚园教育计划”，首先是教育局在2015年委任免费幼稚园教育委员会的专家，通过调查研究，提交可行性报告及建议。然后教育局学校发展及行政科根据报告出台计划的拟定稿，再经过大半年的论证和意见征求期，最后定稿，正式发文。发文后，教育局又会组织一系列的简介与工作坊，各个学前教育机构的校长、教职员可以报名参加培训。一项政策或制度的确立过程坚守“统一、规范、民主、透明”原则，尤其会直接听取专业人士及利益群体的意见和建议。

再次，从行政权的行使来看，突出了市场化和社会化，行政权力向社会转移且公民参与管理。目前，香港的幼儿园或幼儿学校基本都是社区和民间组织举办的，也就是说通过市场化来向广大民众提供“学前教育”这个公共服务产品。政府构建了与社会服务机构之间的伙伴关系，实现了政府、社会服务机构、市民三者的共赢。这也是香港现有学前教育多元化，各所学校发展保持灵活性及弹性的根本原因。我们参观教育局直接下属的服务处时，也能感受到教育局与非政府机构的“伙伴”关系，比如，在参观香港教育局九龙塘教育服务中心和特殊教育资源中心时，不仅有教育局职员接待我们，还有社会民间组织的义工耐心地给我们示范、介绍和协助我们操作电子资源。教育局职员常说的一句话是：义工和我们是彼此不分的一家人。

最后，从行政效率来看，非常高效。比如，香港教育局每个季度都会具体向社会民众公开服务承诺的达成率，如在14个工作日内转介特殊儿童至特殊学校入学，达成率100%。再比如，香港教育局网站就如同一个巨大的资源库，浏览香港教育局网站，人人都可以从中获得自己的所需。就学前教育来说，既能查询到任何立法文件、项目计划，包括这些文件和计划的历史变迁，可追溯到它们是如何演变过来的，也能找到与幼儿教育、特殊儿童教育相关的教材、图书、影像资料，类别繁多，无论是幼教工作者，还是孩子家长，都可以分门别类地获取教学、专业成长、家教等各方面的资料。网站上还有一类资料就是向民众公开的申请文件资料，包括各个服务机构的情况，各所幼儿园的质素评估报告，以及团体或私人申请办幼儿园、家长申请入幼儿园学位或特殊教育学位的程序介绍及手续资料。我在香港这一年，因工作需要，几乎每天都要浏览教育局网站上关于学前教育的资料，但是至今还未能浏览完全，还有很多资源值得我去细读和学习。在教育局网站上获取资源时，其便捷性也是值得称颂的。当我想要了解某项计划或某个范畴的专业内容时，只要输入关键词，与之相关的所有资料都会分门别类地呈现出来。比如这个计划的正本，历史渊源，计划推进的会议记录，计划推广的每一次培训的PPT及培训记录，申请参加此计划的手续资料，与计划相关的机构的情况，等等，一应俱全。

我写这篇文章之际，正好亲身参与了幼稚园校本支援组一年一度的“年终分享会”，每年的分享会是本组的一件大事儿，分享会是从本组负责的三大项目，即“执行校外评核及向幼稚园推广自我评估”“透过教育发展基金校本专业支援计划为学校提供支援服务”“统筹各学校参与内地与香港教师的交流计划”中选择四十多个内容分享，分享者都是参与上述三类项目的广大学校或教育职员，全香港从事学前教育的工作者都可以通过教育局网站报名，申请参加分享会。从分享内容及学校或分享者的选择、审稿、定稿，一直到整个会务安排，全组几十位同事分工忙碌，筹备工作长达一个月左右。但无论形式、内容确定等大事儿,还是会场安排、音响设备等小事儿,都是本组职员的工作。分享的地点是在香港教育局九龙塘分局,不会交由某所学校承办。我从亲历这个分享会的筹备,到亲身参与分享会,再一次感受到了校本支援组为广大学校创造良好发展环境,提供高效率、全方位服务的宗旨。

报告中的对话

关于香港政府官员写工作报告，我原先唯一的经验是从香港枪战片中获知的：每当警察破了一个案子，他就说我要回去写报告；当警察破不了案，完不成任务，他也说我要回去写报告；警察执勤被民众投诉，上级让他写报告解释清楚；警察拔枪执行了任务要写报告，还要写清楚开枪的前因、开枪前警告的语言、开枪的过程、开枪后采取的措施，等等；警察如果拔枪但未开抢，还是要写报告，要说清楚拔枪的原因和未开枪的原因。而且我还常常在电影里看到上级警察严厉批评下级警察：报告写得不够详细，回去重写！

以前我只不过是在轻松愉悦的观影过程中，对香港公职人员写报告数量多、范围广、内容详细、质量要求高有了一个大概的，甚至是调侃式的印象。但来到香港教育局校本支援组，我才真正亲身感受到香港公职人员对报告的重视。校本支援组每位官员都工作繁重，而且还需要写各种报告，其中有一份就是跟我们内地教师写的一样的“驻校报告”。从这一份报告的内容设计、撰写要求及价值，就足以可见报告的重要性。

驻校报告记录的是到学校开展教研活动的情况反馈，分为三个部分。第一部分写清楚驻校时间及工作流程与内容，也就是在学校的每个时间段干了什么、哪些人员参与都要写清楚，包括午餐时间。这部分主要反映你到校一共多少时间，这些时间是怎样分配的，在该部分最后还要写上你对本次驻校的总体意见以及改进的具体行动（图一）。

第二部分记录主要活动，如听课、观摩区域活动等。这部分除了记录一些基本信息外，着重要写清楚观察的重点，以及本人对此次活动的评价，提出了哪些意见和建议。一个活动填写一个表，多个活动就需要填写多张表格(图二)。

第三部分就是与学校教师的教研记录，研讨了什么就填写什么，比如一起评课、备课、教研等，要求写清楚一起研讨时各位教师的主要观点与看法，并对教师的表述做出评价及提出改进建议。不论是内地教师，还是香港教育局官员，只要到校开展任何教研活动，就必须撰写驻校报告，并于一周之内发电子邮件递交给负责的上司，由其打印并阅览后放于该校的驻校档案中。

幼稚园校本支援组
驻校报告

访校日期：					
学校名称：					
研习重点：					
驻校主要活动：					
活动 / 时间	具体活动				班级及参与人员
	备课	观课	评课	研习 / 其他	
驻校意见及跟进行动：					

图一

幼稚园校本支援组
观课记录

访校日期：			
学校名称：			
班级：	时间：	教师：	儿童人数：
课堂重点：		观察重点：	
课堂优点：		教师意见 / 反思：	

图二

驻校报告给谁看呢？首先同事之间可以相互学习、借鉴、研讨，但这不做硬性规定。报告最主要是给自己的上司看，上司会仔细阅读你的报告，了解你此次驻校的内容及成效，并通过前后多个报告的比对，来判定学校在课程建设、课程实施、教师专业发展、校本教研等多方面的情况，同时了解你到校支援工作的进展及取得的效果。

我非常惊讶于教育局官员阅读报告的认真劲儿，那真的不仅仅是看看而已，他们通过报告动态关注一所学校的发展情况，所以会和撰写报告的人展开“深度对话”。他们用不同颜色的马克笔圈画出认可、不认可或有疑问的部分，再在圈画部分旁边写上要表达的意思。最后，为了方便撰写报告的人再次翻看，他们会在圈画的地方贴上不同颜色的便利贴，这也是为了引起你的注意，需要得到你的解释和回答。所以在每月为数不多的返回教育局幼稚园校本支援组办公的时间里，我主要的办公内容就是翻看负责监督我工作的两位发展主任：谢碧云女士和张淑芬女士在报告上写下的阅读反馈，并一一做出回答。

幼稚园校本支援组
访校会议记录

学校名称：			访校日期：
□备课	□研习	□技巧提升	□评课
时间	班级及教师	备课／研习重点（如课题／关注事项）	意见（教师能力／建议）

图三

谢女士负责我驻的其中四所学校，张女士负责另一所。每周的驻校报告，她们都会在我回办公室前阅读完毕，然后用短信提醒我回看报告，并注意彩色便利贴部分的反馈。她们会非常细心地指出我报告中的笔误，我需要确认后做出更改。有些是她们的建议和疑问，比如保良局田家炳兆康幼稚园开展戏剧教学特别关注孩子情绪的表达，发展主任询问戏剧教学对幼儿其他范畴（如语言、音乐、创造力等）发展的促进作用是否也能在报告中体现，还问这个学校为什么如此在意幼儿情绪表达，与学校的科研重点及课程有何关系？还有一些是引发交流研讨的源头，比如我反馈救世军白田幼儿学校的区域活动存在着空间设置的问题，学习性区域与探索性、游戏性区域相隔近，容易互相干扰。而且每次区域形式都是综合性的，涵盖六个学习范畴（领域）的内容，我建议有时候可以是一个范畴的多样化区域设置。对于这一点，谢女士表示赞同，但是她希望了解具体操作策略，所以贴上便利贴，希望与我约个时间面谈。

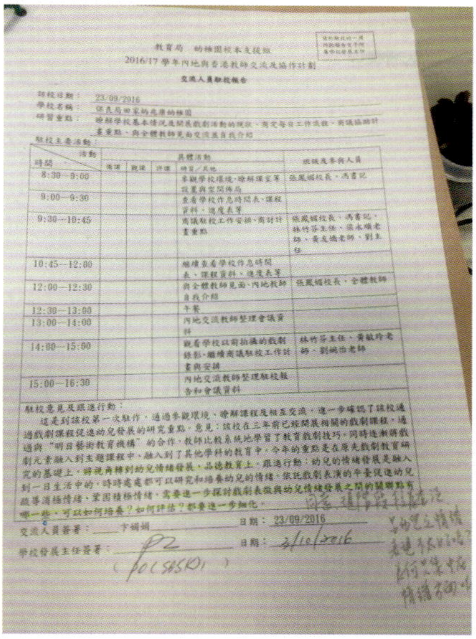

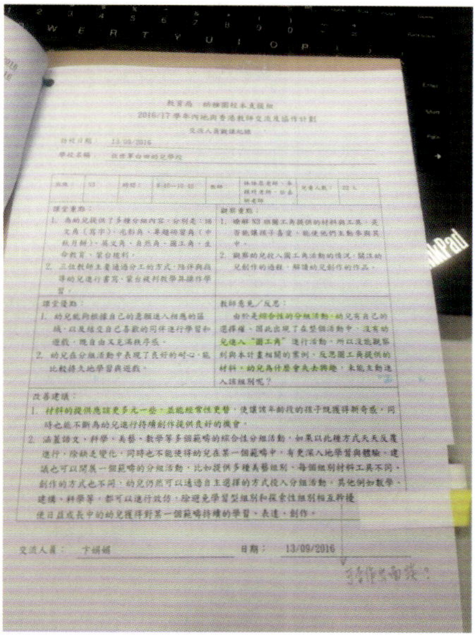

发展主任谢碧云女士与我在学校发展报告中的“对话”

这样的对话方式，让我想起了一部电影——《触不到的恋人》，我撰写的报告就如同电影中的那个邮箱，两个不在同一个时间和空间的人，通过“邮箱”开展对话。因为校本支援组每个人都有负责的学校及其他工作，所以常会跟校长约时间外出驻校，偌大的办公室，这么多人，其实能碰面也不容易，所以这种“超时空”对话成了经常性的教研方式，也避免了一人支援一所学校的力量单薄与决策局限。每当双方通过“超时空对话”，达成了共识或解除了疑惑，彩色便利贴就可以摘除了。不过，有时候遇到相互质疑之处，往往要好几个“来回”才能扯下便利贴。

香港有1000多所幼儿园，其中七至八成是参加学券计划的政府资助学校，校本支援组有义务对这些学校开展到校支援服务。试想一下，一个组几十位同事，除了负责教师培训、项目研究、会务等工作以外，还要负责700～800所学校课程发展与实施的指导性服务，如此庞大的服务范围，最好的办法就是每人分担数量不等的学校开展到校支援服务，然后提交详细报告给上级，以金字塔式的层级负责的方法完成对如此多学校的到校支援工作，这样还能彼此监督服务质量与成效。

一年的时光，常驻学校5所，我共递交了130多份报告，合计近40万字，基于报告与发展主任的“超时空对话”也达到60余次。由此，我也爱上了这种对话方式，它让我领略了香港教育局官员的做事风格，感受到了支援服务与监督管理并行的质效。

常问路的人，不迷失方向

——参与香港《幼稚园教育课程指引》修订建言有感

课程是教育的核心，它是与教育目标、教育内容、教育方法和教育评价相关的一个系统，是教育思想、教育理论转化为教育实践的中介与桥梁。香港教育局一直以来重视对幼儿园课程的规范与指导，先后多次修订过课程指引（见下表）。2006年的《学前教育课程指引》已经执行十年，将于2017年下达新修订的指引，我们在香港期间正好经历了修订的整个过程。

香港幼儿园课程指引一览

时间	名称	印发部门
1984年	《幼稚园课程指引》	香港课程发展委员会
1993年	《幼稚园课程指引》	香港课程发展委员会
1996年	《学前教育课程指引》	香港教育署课程发展处
2006年	《学前教育课程指引》	香港课程发展议会（编订）
2017年	《幼稚园教育课程指引》	香港课程发展议会（编订）

2015年5月，香港教育局网站上公布了免费幼稚园教育委员会提交的《儿童优先　给他们一个好的开始》报告，该报告用十二个章节就幼儿园教育的未来发展方向提出了建议，公众可于2015年7月31日前就报告内容提出意见。之后，2016年6月，香港教育局网站向全社会公布了香港课程发展议会制定的课程指引修订重点讨论稿，提出了七个修订建议重点：

1. 微调课程宗旨
2. 以品德发展作为幼儿教育的发展目标之一
3. 提倡综合模式，以生活化主题贯通六个学习范畴
4. 清楚阐述各学习范畴的内容
5. 加强游戏中自由探索的元素
6. 加强照顾幼儿的多样性及推动共融文化
7. 加强幼儿教育与小学教育的衔接

这些修订重点的确立，主要是为了配合2017年下半年将开始实施的“免费优质幼稚园教育政策”，也为了应对社会及人口结构的转变、“催谷文化”（见本书第127页《香港的“催谷文化”》一文）的愈演愈烈，同时也因为人们认识到游戏、探索、操作对幼儿发展的价值，等等。公众可以就此修订重点于2016年9月30日前提出自己的建议。不久后，香港课程发展议会编订了《游戏学习好开始，均衡发展乐成长——幼稚园教育课程指引》（下称“新指引”）的草稿，并向各界征集意见和建议。

从上述修订历程不难看出，每一个纲领性文件的出台都是“环环相扣”的，并且在每一环节上都会充分向相关各界及社会公众征求意见和建议，于是，我们内地教师自然也成为提出建言的成员之一。农历新年过后的二月初，香港教育局负责学校发展与学校行政两个部门的副秘书长陈嘉琪博士，通过我们所在的幼稚园校本支援组正式邀请内地教师代表，就新指引举行讨论会。我们内地教师一共十二位，此次被邀请的有四位，除了我，还有与我同省的周勤园长，以及来自吉林省的季俏老师和来自广西壮族自治区南宁的张帆老师。此次交流意义非凡，所以我们在不多的时日里，详细地阅读了“课程指引修订重点建议”与“新指引草稿”，并且与内地的《幼儿园教育指导纲要（试行）》《3—6岁儿童学习与发展指南》，以及《浙江省幼儿园等级评定实施办法》《浙江省学前教育保教管理指南》等做了对照。

2月16日中午，我们四位内地教师从各自的驻校赶往会议地点，幼稚园校本支援组刘美琼和黄秀珊两位高级发展主任，早早就于香港地铁金钟站出口等我们。当人员汇集整齐以后，我们一行人来到添美道2号的香港政府总部大楼。大门口，刘美琼主任向警卫说明了我们的来意，警卫通过手中的iPad确认了此次会议，于是允许我们一行人进入。走过大楼西翼宽阔的地下大厅，我们来到了香港政府总部接待处，工作人员查验了我们的身份证件后，发给我们每人一个大红色的“即日访客证”，要求我们进入大楼必须佩戴。证件的背面还有条形码，进入相关的办公或会议地点，要在门口机器上刷一下证件，门禁会自动打开，允许进入，整个过程就类似地铁刷卡。

受邀至香港政府总部就新指引修订进行研讨

香港政府总部即日访客证

来到六楼一个小型的会议室，我发现两面相对的环形会议桌上已经摆上了一溜儿白色的名牌，通过逐一辨认名牌才发现，除了我们四位内地教师，其余十六位全部来自香港教育局，包括：副秘书长陈嘉琪，质素保证及校本支援分部的首席教育主任刘佳倩，校本专业支援组的总学校发展主任李爱兰、副计划总监莫凤仪，还有来自课程发展处幼稚园组及小学组的几位高级主任，来自校本支援组幼稚园组的高级主任，等等。十六比四的阵仗，让我们感受到此次交流会规格很高，而且也充分说明了香港教育局对指引修订的重视与诚意。

穿着端庄又时尚的陈嘉琪副秘书长进入会议室，我们起身寒暄，陈博士说她前几天刚刚带着与会部分主任赶赴北京，听取教育部专家对新指引的建议。所以此次交流会是专门来聆听我们的建议，她特别强调："我们这么多人今天就是听你们说，你们可以从指引的各个方面充分发表看法。"然后她还幽默地向在座香港教育局的官员及专家说："你们既是来听取建议的，也是来练习普通话的。"

会议就在陈博士简短而幽默的话语中拉开帷幕，教育局各位官员及专家详细围绕新指引的八个章节提了不下数十个问题，我将这数十个问题分成了四类：

第一类是了解内地教师对香港幼教某一方面的评价，例如：怎么看香港幼儿园中的数学教育？存在哪些问题？又如：怎样评价香港教育局的幼儿园质素评核（幼儿园质量评估）架构？

第二类是针对新旧指引的调整部分了解我们的看法，例如：新指引就家长和社会各界对培养下一代品德的诉求越来越大，因此在幼儿教育目标中特意强调品德培养，对此你们怎么看？又如：新指引将"学与教"中的其中三个范畴进行更名（"科学与科技"改为"探索与发现"，"艺术"改为"艺术与创意"，"早期数学"改为"幼儿数学"），对此你们有没有更好的建议？

第三类是了解内地在某一方面的理念和做法，例如：内地是怎样开展自由游戏的？自由游戏中如何增强探索性元素？又如：内地在幼小衔接方面更关注什么？是怎么开展的？

第四类是针对香港特有的现象，希望内地教师结合驻校的案例谈谈观点和策略，例如：少数族裔孩子在幼儿园中的学习发展情况，又如："两文三语"在幼儿园中的教学现状以及改进建议。

我们四位内地教师，既客观地评价了香港学前教育的优势和亟待解决的问题，同时也介绍了内地在幼儿园评估、师资培育、课程管理与校本课程建设、校园文化构建等方面的现状及做法，并在尊重两地社会文化特点的基础上，对香港的学前教育提出了一些建议。整整两小时的交流，密集的提问与回答，使得整个交流会更像一场“答记者问”，让我们充分见证了香港政府官员的高效率，以及对提高幼教质量的用心。全体人员在会议室匆匆合影后，陈嘉琪博士先走了，课程发展处的几位主任留下了我们的联系方式，并希望能进一步通过文字了解我们的想法，然后就匆匆赶往办公室，因为新指引即将面世，所以他们近期一直在加班加点。

合影

当我们将红色的访客证放入回收箱走出香港政府总部大楼时，我们才开始好好地端详这个香港的标志性建筑。香港政府总部包括政府总部大楼、行政长官办公室、立法会综合大楼以及市政公园。幼稚园校本支援组黄秀珊女士陪我们参观了市政公园，并向我们介绍了政府总部大楼。这座在香港举足轻重的建筑，高座与低座之间犹如一扇巨大的门，透过“大门”可看见公民广场，寓意“门常开”理念——政府的大门永远为民众敞开。之后，她还请我们在市政广场边的西餐厅喝下午茶，餐厅的服务员都是唐氏综合征等智力缺陷人士。

几天后，我接到了香港教育局课程发展处幼稚园组及小学组的谭家强和何美凤博士双双发来的电邮（即电子邮件），希望我能就课程指引的建议形成文字稿。于是我将此次会议的内容并结合自己的看法形成了十四条建议，教育局课程发展处收到我的建议稿后，又发来致谢的电邮。2017 年 4 月，《幼稚园教育课程指引》（暂定最后稿）于教育局网站正式发布……

2017 年是香港回归祖国二十周年的历史时刻，而这场隆重又平易近人的新指引意见征集会对我来说又何尝不是一个历史时刻啊。在此过程中，香港教育局既坚守本心，又虚心问路的做事风格给我留下了深刻印象。我想，香港学前教育的未来前路一定会更好更光明……

参考文献

[1]DOROTHY H C,VIRGINIA S,NANCY B,等.幼儿行为的观察与记录[M].马燕,马希武,译.北京:中国轻工业出版社,2013.

[2]加利·兰德雷斯.游戏治疗[M].雷秀雅,葛高飞,译.重庆:重庆大学出版社,2011.

[3]卡西·纳特布朗.读懂幼儿的思维:幼儿的学习及幼儿教育的作用[M].刘焱,刘丽湘,译.北京:北京师范大学出版社,2010.

[4]克劳迪娅·伊莱亚森,洛亚·詹金斯.美国幼儿教育课程实践指南[M].李敏谊,付咏梅,刘丽伟,等译.北京:机械工业出版社,2015.

[5]林玫君.儿童戏剧教育的理论与实务[M].上海:复旦大学出版社,2015.

[6]刘焱.儿童游戏通论[M].北京:北京师范大学出版社,2008.

[7]马戈·迪希特米勒,朱迪·亚布隆,阿维娃·多尔夫曼,等.作品取样系统——教室里的真实性表现评价[M].缪凤瑞,陈姿兰,译.南京:南京师范大学出版社,2009.

[8]钱穆.中国文化史导论[M].北京:商务印书馆,1994.

[9]王春燕,王秀萍,秦元东.幼儿园课程论[M].北京:新时代出版社,2009.

[10]虞莉莉.幼儿园教育案例专题研究[M].杭州:浙江大学出版社,2005.

[11]虞永平.课程游戏化的意义和实施路径[J].早期教育(教师版)，2015(3):4-7.

[12]虞永平.课程游戏化:只为更贴近儿童心灵[N].中国教育报，2015-06-28(1).

[13]虞永平.文化、民间艺术与幼儿园课程[J].学前教育研究，2004(1):31-32.

[14]中央教育科学研究所学前教育研究室.幼儿园教育质量评价手册[M].北京:教育科学出版社，2009.

附　录

幼稚园教育课程指引（节选）

游戏学习好开始
均衡发展乐成长

（暂定最终稿）

课程发展议会编订
香港特别行政区政府教育局建议
幼稚园、幼稚园暨幼儿中心及设有幼稚园班级的学校采用
二零一七年

»目　录

»前　言

课程发展议会因应社会转变和幼儿需要，检视《学前教育课程指引》(2006)，并提出修订建议，进一步优化幼稚园课程。课程发展议会是一个咨询组织，就幼稚园至中六阶段的学校课程发展事宜，向香港特别行政区政府提供意见。议会成员包括校长、教师、家长、雇主、大专院校学者、相关界别团体的专业人士、香港考试及评核局代表、香港职业训练局代表及教育局人员。

为配合免费幼稚园教育委员会报告所订下的教育目标及相关措施，本指引定名为《幼稚园教育课程指引》，以显示幼稚园、小学及中学课程的延续性，并构成一个连贯和互相配合的教育体系，达致一致的教育目标。

本指引所述的学校，是指服务2至6岁幼儿的幼稚园、幼稚园暨幼儿中心及设有幼稚园班级的学校。

如对《幼稚园教育课程指引》有任何意见或建议，欢迎以邮寄、传真或电邮的方式，送交课程发展议会幼稚教育委员会秘书。

地址：香港湾仔皇后大道东213号胡忠大厦13楼

传真：3104 0542

电邮地址：cdikp_kg@edb.gov.hk

第一章　概论

1.1　理念

幼儿是社会未来的希望,幼儿阶段亦是个人成长的重要历程,各持分者对优质的幼稚园教育有殷切的期望。

优质的幼稚园教育,应与小学及中学互相呼应,为幼儿未来的学习与成长奠下良好基础,促进他们在德、智、体、群、美各方面的均衡发展,并达致全人教育的目的。

> 幼稚园教育,应与小学及中学互相呼应,促进幼儿在德、智、体、群、美各方面的均衡发展,达致全人教育的目的。

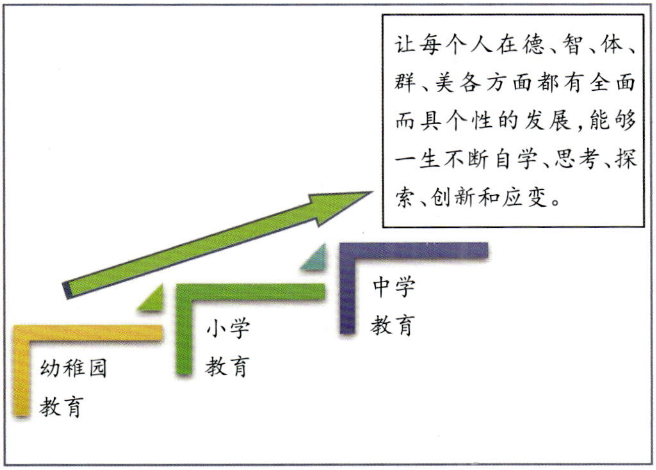

1.2　背景

教育统筹委员会于2000年发表《终身学习·全人发展:香港教育制度改革建议》,为未来香港教育订定目标:

> 让每个人在德、智、体、群、美各方面都有全面而具个性的发展,能够一生不断自学、思考、探索、创新和应变。

课程发展议会配合教育改革的方向，亦于2006年发布《学前教育课程指引》，提供以终身学习和全人发展为中心的课程架构。

在2015年，免费幼稚园教育委员会发表报告，为未来幼稚园教育的政策提供建议，并认为幼稚园教育的目标应是：

> 为儿童奠定终身学习的基础，培养儿童的求知精神、乐于学习和探索、均衡发展、健康的自我概念以及信心和能力适应不断转变的世界。

课程发展议会检视免费幼稚园教育委员会报告所订下的教育目标，考虑幼儿发展及学习的特质，总结本地幼稚园业界的发展、优势、现况，以及多年努力所积累的经验和成果，并进行广泛的课程咨询，收集不同持分者的意见，订下修订课程的方向，持续优化课程。

1.3 核心价值与课程设计主导原则

核心价值

我们延续《学前教育课程指引》(2006)的理念，以"儿童为本"作为课程的核心价值，持守"认识和尊重每个幼儿的发展独特规律"的重要原则。

> 以"儿童为本"作为课程的核心价值，配合幼儿发展与学习的特质，并检视幼稚园业界的发展、优势与现况。

主导原则

(1)配合幼儿成长和学习的特质

幼儿喜欢探索，是主动的学习者。他们的发展是循序渐进的过程，学习亦受成长和发展的规律所影响，课程内容应聚焦于幼儿能力所及的事情。

(2)生活化、重视感官探索和富趣味

优质的幼稚园教育课程，应着重培育幼儿学习兴趣,延续他们的学习动机。提供生活化、重视感官探索和富趣味的学习经历,让他们以第一身掌握生活经验和知识,达致所订下的课程目标。

(3)照顾幼儿多样性及不同需要

每个幼儿都是独立个体,有不同的能力、个性、兴趣、背景、文化、生活习惯及学习模式。教师宜对幼儿建立合理的期望,并给予他们适切的支持,让有不同特质和需要的幼儿,都能在同一校园下,喜爱学习。

(4)延续现有校本课程的优势

香港幼稚园的课程向来灵活和具弹性,专业的教师团队富有爱心,为幼儿提供校本的学习经历,照顾不同需要。课程设计应扎根于校本的经验和优势,并持续优化。

(5)协同学校、家庭与社区参与

优质幼稚园教育有赖学校、家庭与社区共同参与,各持分者紧密沟通和协作;认同以"儿童为本"为核心价值,彼此分享对幼稚园教育目标和方向的愿景,互相支持和配合。

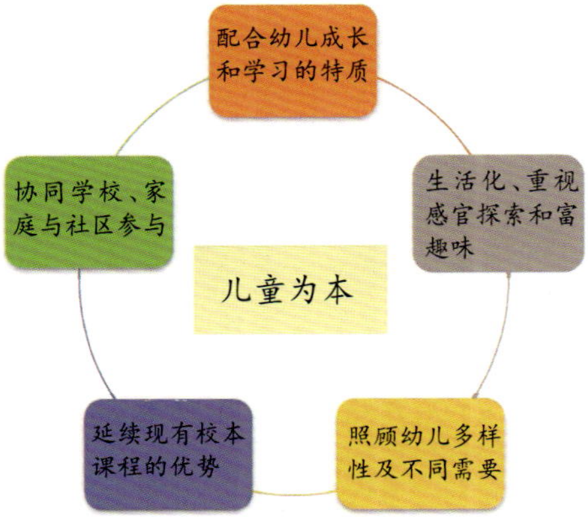

图一　核心价值与课程设计主导原则

我们期望优质的幼稚园教育，能帮助每位幼儿发展成为一个愉快、有健康体魄、持守正面的价值观和积极的态度、喜爱探索求知、善于沟通、乐于与别人交往、富创造力和想象力的人。

1.4 幼儿发展与学习

幼儿的成长与发展，涵盖认知、身体、群性等不同范畴。这些范畴彼此促进，互有关连。

幼儿在成长路上有不同的发展步伐，幼稚园教育课程以“儿童为本”为核心价值，视幼儿为独立的个体，不以划一的标准衡量幼儿的表现和成就。

下列“幼儿是如何学习”的方向，是根据发展及教育心理学的文献：

·幼儿充满好奇心，会主动学习

·幼儿有不同的学习模式

·幼儿喜欢以感官进行探索以认识新事物

·幼儿建基于已有经验和技能学习新知识

·幼儿爱在被接纳、鼓励和支持的环境学习

> 学习活动应让幼儿有自由探索的机会、能照顾幼儿发展和兴趣、运用多感官和生活化主题，并营造友爱和尊重的氛围。

·为延续并提高幼儿的学习兴趣和动机，教师宜：

·为幼儿提供自由探索和发掘知识和引证发现的机会

·关心幼儿的兴趣、发展和需要，留意他们的差异

·鼓励幼儿运用感官进行学习，促进他们的全面发展

·选取生活化的主题，为幼儿提供有趣的学习经历

·营造友爱、尊重、接纳、欣赏及和谐的学习氛围

1.5 优势与发展

·香港的幼稚园教育课程灵活和充满活力，能迅速回应幼儿多方面的需要及教育发展趋势。

·业界拥有一群有爱心、投入及专业的团队，而职前及在职的专业培训课程，持续提升教师的专业水准，有助推动幼稚园教育的发展。

·家长关心子女的成长和各方面发展的需要，乐于参与由学校举办的家长活动或讲座。

·社会认同幼稚园教育对幼儿成长的重要性，确信学校能为他们建立良好的基础，促进全人发展。

1.6 现状与转变

·由2017—2018学年起，政府将提供15年免费教育及实施免费优质幼稚园教育政策，改善学校环境，并提升教师专业水平，为持续推动幼稚园教育发展的契机。

·电子屏幕产品普及，幼儿有较多机会接触这些屏幕产品，对他们的身体、情绪、社交发展和学习模式带来冲击。

·家长关心幼儿的学习表现，渐形成竞争的文化。个别家长因对幼儿期望过高而催谷学习表现，对幼儿的身、心发展构成压力。

·家长普遍都是爱护子女，个别家长会为年幼子女事事代劳，令幼儿养成依赖的习惯，减少了发展自理能力的机会。

·随著人口结构和政策转变，非华语、跨境幼儿的入学率因时变化；社会人士和教师亦提高对幼儿多样性和不同学习需要的认识和关注。

1.7 修订方向

是次课程修订包括以下重点：

·强调培育幼儿的均衡发展

·加强推展品德教育

·阐释各学习范畴的学习目的

·加强照顾幼儿的多样性及推动共融文化

·提倡以生活化的主题贯通各学习范畴的内容

·提倡幼儿从游戏中学习，并加强游戏中的自由探索元素

·加强幼稚园教育与小学教育的衔接

1.8 咨询与意见

课程发展议会就上述修订建议，于2016年6月至9月，举办一系列焦点小组会议及研讨会，并派发及收集问卷，了解幼稚园和小学校长及教师、家长、大专院校学者，以及社会人士的意见。

教育局整理和分析所得的意见，除了供修订幼稚园教育课程作参考，也为日后制作学习资源和规划专业培训活动，提供重要资讯。

学校了解修订的重点，可按课程发展的现况，评估学校的资源、优势和需要，由2017—2018学年起，循序渐进推行新课程，以落实本指引的建议。

学校亦应鼓励及灵活安排教师参加专业发展活动，使能持续提升教育质素。

1.9 各章节简介

本课程指引分为八个章节，就幼稚园教育课程发展的理念、方向和实践提供建议。本指引的附录部分，亦提供词汇阐释和参考文献，以供教师参考。各章节的内容简介如下：

章节	内容简介
第一章 概论	介绍幼稚园教育的课程目标、定位、核心价值,以及修订课程的主导原则和方向
第二章 课程目标与架构	阐释幼稚园教育课程的目标、课程架构,以及各学习范畴的学习目的,并对课程实施的策略提供建议
第三章 学校整体课程规划	从情境分析、组织内容、编订策略和评估成效四个向度,阐释课程规划的框架,并建议具体的课时安排、教学策略及评估方法
第四章 学与教及评估	阐释幼儿的学习特点,以及不同持分者在幼稚园教育的角色;提出从游戏中学习,加强当中自由探索的元素
第五章 照顾幼儿的多样性	就学校如何营造共融氛围,关顾幼儿在性格、能力、兴趣、语言、文化和生活习惯等方面的多样性,提供方向及策略建议
第六章 入学适应与幼小衔接	就促进幼儿入学适应,及为预备幼儿升读小学的衔接措施和策略,提供方向及实践建议
第七章 家校合作与社区参与	就学校开展与家长及社区的协作,为幼儿提供优质的学习及游戏经历,提供方向及实践建议
第八章 教师专业发展	为培养高素质的教师,以及促进教师的持续专业发展,提供意见

1.10 指引目的与使用

本指引为幼稚园校长、课程领导者、教师,提供一个清晰和全面的课程架构,以规划具校本特色的课程。

学校可因应其办学理念、学校条件、幼儿特质、家长及社会期望,依据本指引所提出的课程目标架构及策略建议,为幼儿提供适切和有成效的学习经历。

其他持分者,包括:家长、小学同工及社会人士,亦可参阅本指引的相关章节,加深对幼儿及幼稚园教育的认识，做出适当的配合和安排，互相携手，促进幼稚园教育达致其所订下的课程目标。

除了学校同工，不同持分者，包括：家长、小学课程领导者、社会人士，都可以参阅本指导，加深对幼儿及幼稚园教育的认识。

小学校长、副校长、课程领导者和教师，可从本指引了解幼稚园教育的理念、课程目标、内容和评估方法，并加深对幼儿学习模式及策略的认识，使能在迎接幼儿升上小学时，延续他们的学习兴趣和信心，帮助他们适应小学生活，促进幼、小阶段的顺利衔接。

家长也可以参阅本指引，加深对幼稚园课程目标和架构的认识，了解幼儿的多样性和在入读幼稚园或预备升读小学时所面对的挑战，使能充分与学校配合，为子女营造一个愉快又有成效的学习和生活经历。

……

3—6岁儿童学习与发展指南

（节选）

教育部

2012年

一、健康

（一）身心状况

目标1　具有健康的体态

3—4岁	4—5岁	5—6岁
1. 身高和体重适宜。 参考标准： 男孩： 身高：94.9～111.7厘米 体重：12.7～21.2公斤 女孩： 身高：94.1～111.3厘米 体重：12.3～21.5公斤 2. 在提醒下能自然坐直、站直。	1. 身高和体重适宜。 参考标准： 男孩： 身高：100.7～119.2厘米 体重：14.1～24.2公斤 女孩： 身高：99.9～118.9厘米 体重：13.7～24.9公斤 2. 在提醒下能保持正确的站、坐和行走姿势。	1. 身高和体重适宜。 参考标准： 男孩： 身高：106.1～125.8厘米 体重：15.9～27.1公斤 女孩： 身高：104.9～125.4厘米 体重：15.3～27.8公斤 2. 经常保持正确的站、坐和行走姿势。

目标2　情绪安定愉快

3—4岁	4—5岁	5—6岁
1. 情绪比较稳定，很少因一点小事哭闹不止。 2. 有比较强烈的情绪反应时，能在成人的安抚下逐渐平静下来。	1. 经常保持愉快的情绪，不高兴时能较快缓解 。 2. 有比较强烈情绪反应时，能在成人提醒下逐渐平静下来。 3. 愿意把自己的情绪告诉亲近的人，一起分享快乐或求得安慰。	1. 经常保持愉快的情绪。知道引起自己某种情绪的原因，并努力缓解。 2. 表达情绪的方式比较适度，不乱发脾气。 3. 能随着活动的需要转换情绪和注意。

目标3　具有一定的适应能力

3—4岁	4—5岁	5—6岁
1.能在较热或较冷的户外环境中活动。 2.换新环境时情绪能较快稳定，睡眠、饮食基本正常。 3.在帮助下能较快适应集体生活。	1.能在较热或较冷的户外环境中连续活动半小时左右。 2.换新环境时较少出现身体不适。 3.能较快适应人际环境中发生的变化。如换了新老师能较快适应。	1.能在较热或较冷的户外环境中连续活动半小时以上。 2.天气变化时较少感冒，能适应车、船等交通工具造成的轻微颠簸。 3.能较快融入新的人际关系环境。如换了新的幼儿园或班级能较快适应。

(二)动作发展

目标1　具有一定的平衡能力，动作协调、灵敏

3—4岁	4—5岁	5—6岁
1.能沿地面直线或在较窄的低矮物体上走一段距离。 2.能双脚灵活交替上下楼梯。 3.能身体平稳地双脚连续向前跳。 4.分散跑时能躲避他人的碰撞。 5.能双手向上抛球。	1.能在较窄的低矮物体上平稳地走一段距离。 2.能以匍匐、膝盖悬空等多种方式钻爬。 3.能助跑跨跳过一定距离，或助跑跨跳过一定高度的物体。 4.能与他人玩追逐、躲闪跑的游戏。 5.能连续自抛自接球。	1.能在斜坡、荡桥和有一定间隔的物体上较平稳地行走。 2.能以手脚并用的方式安全地爬攀登架、网等。 3.能连续跳绳。 4.能躲避他人滚过来的球或扔过来的沙包。 5.能连续拍球。

目标2 具有一定的力量和耐力

3—4岁	4—5岁	5—6岁
1.能双手抓杠悬空吊起10秒左右。 2.能单手将沙包向前投掷2米左右。 3.能单脚连续向前跳2米左右。 4.能快跑15米左右。 5.能行走1公里左右(途中可适当停歇)。	1.能双手抓杠悬空吊起15秒左右。 2.能单手将沙包向前投掷4米左右。 3.能单脚连续向前跳5米左右。 4.能快跑20米左右。 5.能连续行走1.5公里左右(途中可适当停歇)。	1.能双手抓杠悬空吊起20秒左右。 2.能单手将沙包向前投掷5米左右。 3.能单脚连续向前跳8米左右。 4.能快跑25米左右。 5.能连续行走1.5公里以上(途中可适当停歇)。

目标3 手的动作灵活协调

3—4岁	4—5岁	5—6岁
1.能用笔涂涂画画。 2.能熟练地用勺子吃饭。 3.能用剪刀沿直线剪，边线基本吻合。	1.能沿边线较直地画出简单图形，或能边线基本对齐地折纸。 2.会用筷子吃饭。 3.能沿轮廓线剪出由直线构成的简单图形，边线吻合。	1.能根据需要画出图形，线条基本平滑。 2.能熟练使用筷子。 3.能沿轮廓线剪出由曲线构成的简单图形，边线吻合且平滑。 4.能使用简单的劳动工具或用具。

(三)生活习惯与生活能力

目标1　具有良好的生活与卫生习惯

3—4岁	4—5岁	5—6岁
1. 在提醒下,按时睡觉和起床,并能坚持午睡。 2. 喜欢参加体育活动。 3. 在引导下,不偏食、挑食。喜欢吃瓜果、蔬菜等新鲜食品。 4. 愿意饮用白开水,不贪喝饮料。 5. 不用脏手揉眼睛,连续看电视等不超过15分钟。 6. 在提醒下,每天早晚刷牙、饭前便后洗手。	1. 每天按时睡觉和起床,并能坚持午睡。 2. 喜欢参加体育活动。 3. 不偏食、挑食,不暴饮暴食。喜欢吃瓜果、蔬菜等新鲜食品。 4. 常喝白开水,不贪喝饮料。 5. 知道保护眼睛,不在光线过强或过暗的地方看书,连续看电视等不超过20分钟。 6. 每天早晚刷牙、饭前便后洗手,方法基本正确。	1. 养成每天按时睡觉和起床的习惯。 2. 能主动参加体育活动。 3. 吃东西时细嚼慢咽。 4. 主动饮用白开水,不贪喝饮料。 5. 主动保护眼睛。不在光线过强或过暗的地方看书,连续看电视等不超过30分钟。 6. 每天早晚主动刷牙,饭前便后主动洗手,方法正确。

目标2　具有基本的生活自理能力

3—4岁	4—5岁	5—6岁
1. 在帮助下能穿脱衣服或鞋袜。 2. 能将玩具和图书放回原处。	1. 能自己穿脱衣服、鞋袜、扣纽扣。 2. 能整理自己的物品。	1. 能知道根据冷热增减衣服。 2. 会自己系鞋带。 3. 能按类别整理好自己的物品。

目标3　具备基本的安全知识和自我保护能力

3—4岁	4—5岁	5—6岁
1. 不吃陌生人给的东西，不跟陌生人走。 2. 在提醒下能注意安全，不做危险的事。 3. 在公共场所走失时，能向警察或有关人员说出自己和家长的名字、电话号码等简单信息。	1. 知道在公共场合不远离成人的视线单独活动。 2. 认识常见的安全标志，能遵守安全规则。 3. 运动时能主动躲避危险。 4. 知道简单的求助方式。	1. 未经大人允许不给陌生人开门。 2. 能自觉遵守基本的安全规则和交通规则。 3. 运动时能注意安全，不给他人造成危险。 4. 知道一些基本的防灾知识。

二、语言

（一）倾听与表达

目标1　认真听并能听懂常用语言

3—4岁	4—5岁	5—6岁
1. 别人对自己说话时能注意听并做出回应。 2. 能听懂日常会话。	1. 在群体中能有意识地听与自己有关的信息。 2. 能结合情境感受到不同语气、语调所表达的不同意思。 3. 方言地区和少数民族幼儿能基本听懂普通话。	1. 在集体中能注意听老师或其他人讲话。 2. 听不懂或有疑问时能主动提问。 3. 能结合情境理解一些表示因果、假设等相对复杂的句子。

目标2 愿意讲话并能清楚地表达

3—4岁	4—5岁	5—6岁
1. 愿意在熟悉的人面前说话,能大方地与人打招呼。 2. 基本会说本民族或本地区的语言。 3. 愿意表达自己的需要和想法,必要时能配以手势动作。 4. 能口齿清楚地说儿歌、童谣或复述简短的故事。	1. 愿意与他人交谈,喜欢谈论自己感兴趣的话题。 2. 会说本民族或本地区的语言,基本会说普通话。少数民族聚居地区幼儿会用普通话进行日常会话。 3. 能基本完整地讲述自己的所见所闻和经历的事情。 4. 讲述比较连贯。	1. 愿意与他人讨论问题,敢在众人面前说话。 2. 会说本民族或本地区的语言和普通话,发音正确清晰。少数民族聚居地区幼儿基本会说普通话。 3. 能有序、连贯、清楚地讲述一件事情。 4. 讲述时能使用常见的形容词、同义词等,语言比较生动。

目标3 具有文明的语言习惯

3—4岁	4—5岁	5—6岁
1. 与别人讲话时知道眼睛要看着对方。 2. 说话自然,声音大小适中。 3. 能在成人的提醒下使用恰当的礼貌用语。	1. 别人对自己讲话时能回应。 2. 能根据场合调节自己说话声音的大小。 3. 能主动使用礼貌用语,不说脏话、粗话。	1. 别人讲话时能积极主动地回应。 2. 能根据谈话对象和需要,调整说话的语气。 3. 懂得按次序轮流讲话,不随意打断别人。 4. 能依据所处情境使用恰当的语言。如在别人难过时会用恰当的语言表示安慰。

（二）阅读与书写准备

目标1　喜欢听故事，看图书

3—4岁	4—5岁	5—6岁
1.主动要求成人讲故事、读图书。 2.喜欢跟读韵律感强的儿歌、童谣。 3.爱护图书，不乱撕、乱扔。	1.反复看自己喜欢的图书。 2.喜欢把听过的故事或看过的图书讲给别人听。 3.对生活中常见的标识、符号感兴趣，知道它们表示一定的意义。	1.专注地阅读图书。 2.喜欢与他人一起谈论图书和故事的有关内容。 3.对图书和生活情境中的文字符号感兴趣，知道文字表示一定的意义。

目标2　具有初步的阅读理解能力

3—4岁	4—5岁	5—6岁
1.能听懂短小的儿歌或故事。 2.会看画面，能根据画面说出图中有什么，发生了什么事等。 3.能理解图书上的文字是和画面对应的，是用来表达画面意义的。	1.能大体讲出所听故事的主要内容。 2.能根据连续画面提供的信息，大致说出故事的情节。 3.能随着作品的展开产生喜悦、担忧等相应的情绪反应，体会作品所表达的情绪情感。	1.能说出所阅读的幼儿文学作品的主要内容。 2.能根据故事的部分情节或图书画面的线索猜想故事情节的发展，或续编、创编故事。 3.对看过的图书、听过的故事能说出自己的看法。 4.能初步感受文学语言的美。

目标3　具有书面表达的愿望和初步技能

3—4岁	4—5岁	5—6岁
喜欢用涂涂画画表达一定的意思。	1.愿意用图画和符号表达自己的愿望和想法。 2.在成人提醒下，写写画画时姿势正确。	1.愿意用图画和符号表现事物或故事。 2.会正确书写自己的名字。 3.写画时姿势正确。

三、社会

(一)人际交往

目标1　愿意与人交往

3—4岁	4—5岁	5—6岁
1.愿意和小朋友一起游戏。 2.愿意与熟悉的长辈一起活动。	1.喜欢和小朋友一起游戏,有经常一起玩的小伙伴。 2.喜欢和长辈交谈,有事愿意告诉长辈。	1.有自己的好朋友,也喜欢结交新朋友。 2.有问题愿意向别人请教。 3.有高兴的或有趣的事愿意与大家分享。

目标2　能与同伴友好相处

3—4岁	4—5岁	5—6岁
1.想加入同伴的游戏时,能友好地提出请求。 2.在成人指导下,不争抢、不独霸玩具。 3.与同伴发生冲突时,能听从成人的劝解。	1.会运用介绍自己、交换玩具等简单技巧加入同伴游戏。 2.对大家都喜欢的东西能轮流、分享。 3.与同伴发生冲突时,能在他人帮助下和平解决。 4.活动时愿意接受同伴的意见和建议。 5.不欺负弱小。	1.能想办法吸引同伴和自己一起游戏。 2.活动时能与同伴分工合作,遇到困难能一起克服。 3.与同伴发生冲突时能自己协商解决。 4.知道别人的想法有时和自己不一样,能倾听和接受别人的意见,不能接受时会说明理由。 5.不欺负别人,也不允许别人欺负自己。

目标3　具有自尊、自信、自主的表现

3—4岁	4—5岁	5—6岁
1. 能根据自己的兴趣选择游戏或其他活动。 2. 为自己的好行为或活动成果感到高兴。 3. 自己能做的事情愿意自己做。 4. 喜欢承担一些小任务。	1. 能按自己的想法进行游戏或其他活动。 2. 知道自己的一些优点和长处，并对此感到满意。 3. 自己的事情尽量自己做，不愿意依赖别人。 4. 敢于尝试有一定难度的活动和任务。	1. 能主动发起活动或在活动中出主意、想办法。 2. 做了好事或取得了成功后还想做得更好。 3. 自己的事情自己做，不会的愿意学。 4. 主动承担任务，遇到困难能够坚持而不轻易求助。 5. 与别人的看法不同时，敢于坚持自己的意见并说出理由。

目标4　关心尊重他人

3—4岁	4—5岁	5—6岁
1. 长辈讲话时能认真听，并能听从长辈的要求。 2. 身边的人生病或不开心时表示同情。 3. 在提醒下能做到不打扰别人。	1. 会用礼貌的方式向长辈表达自己的要求和想法。 2. 能注意到别人的情绪，并有关心、体贴的表现。 3. 知道父母的职业，能体会到父母为养育自己所付出的辛劳。	1. 能有礼貌地与人交往。 2. 能关注别人的情绪和需要，并能给予力所能及的帮助。 3. 尊重为大家提供服务的人，珍惜他们的劳动成果。 4. 接纳、尊重与自己的生活方式或习惯不同的人。

（二）社会适应

目标1　喜欢并适应群体生活

3—4岁	4—5岁	5—6岁
1. 对群体活动有兴趣。 2. 对幼儿园的生活好奇，喜欢上幼儿园。	1. 愿意并主动参加群体活动。 2. 愿意与家长一起参加社区的一些群体活动。	1. 在群体活动中积极、快乐。 2. 对小学生活有好奇和向往。

目标2　遵守基本的行为规范

3—4岁	4—5岁	5—6岁
1.在提醒下,能遵守游戏和公共场所的规则。 2.知道不经允许不能拿别人的东西,借别人的东西要归还。 3.在成人提醒下,爱护玩具和其他物品。	1.感受规则的意义,并能基本遵守规则。 2.不私自拿不属于自己的东西。 3.知道说谎是不对的。 4.知道接受了的任务要努力完成。 5.在提醒下,能节约粮食、水电等。	1.理解规则的意义,能与同伴协商制定游戏和活动规则。 2.爱惜物品,用别人的东西时也知道爱护。 3.做了错事敢于承认,不说谎。 4.能认真负责地完成自己所接受的任务。 5.爱护身边的环境,注意节约资源。

目标3　具有初步的归属感

3—4岁	4—5岁	5—6岁
1.知道和自己一起生活的家庭成员及与自己的关系,体会到自己是家庭的一员。 2.能感受到家庭生活的温暖,爱父母,亲近与信赖长辈。 3.能说出自己家所在街道、小区(乡镇、村)的名称。 4.认识国旗,知道国歌。	1.喜欢自己所在的幼儿园和班级,积极参加集体活动。 2.能说出自己家所在地的省、市、县(区)名称,知道当地有代表性的物产或景观。 3.知道自己是中国人。 4.奏国歌、升国旗时能自动站好。	1.愿意为集体做事,为集体的成绩感到高兴。 2.能感受到家乡的发展变化并为此感到高兴。 3.知道自己的民族,知道中国是一个多民族的大家庭,各民族之间要互相尊重,团结友爱。 4.知道国家一些重大成就,爱祖国,为自己是中国人感到自豪。

四、科学

(一)科学探究

目标1　亲近自然,喜欢探究

3—4岁	4—5岁	5—6岁
1. 喜欢接触大自然,对周围的很多事物和现象感兴趣。 2. 经常问各种问题,或好奇地摆弄物品。	1. 喜欢接触新事物,经常问一些与新事物有关的问题。 2. 常常动手动脑探索物体和材料,并乐在其中。	1. 对自己感兴趣的问题总是刨根问底。 2. 能经常动手动脑寻找问题的答案。 3. 探索中有所发现时感到兴奋和满足。

目标2　具有初步的探究能力

3—4岁	4—5岁	5—6岁
1. 对感兴趣的事物能仔细观察,发现其明显特征。 2. 能用多种感官或动作去探索物体,关注动作所产生的结果。	1. 能对事物或现象进行观察比较,发现其相同与不同。 2. 能根据观察结果提出问题,并大胆猜测答案。 3. 能通过简单的调查收集信息。 4. 能用图画或其他符号进行记录。	1. 能通过观察、比较与分析,发现并描述不同种类物体的特征或某个事物前后的变化。 2. 能用一定的方法验证自己的猜测。 3. 在成人的帮助下能制定简单的调查计划并执行。 4. 能用数字、图画、图表或其他符号记录。 5. 探究中能与他人合作与交流。

目标3　在探究中认识周围事物和现象

3—4岁	4—5岁	5—6岁
1. 认识常见的动植物,能注意并发现周围的动植物是多种多样的。 2. 能感知和发现物体和材料的软硬、光滑和粗糙等特性。 3. 能感知和体验天气对自己生活和活动的影响。 4. 初步了解和体会动植物和人们生活的关系。	1. 能感知和发现动植物的生长变化及其基本条件。 2. 能感知和发现常见材料的溶解、传热等性质或用途。 3. 能感知和发现简单物理现象,如物体形态或位置变化等。 4. 能感知和发现不同季节的特点,体验季节对动植物和人的影响。 5. 初步感知常用科技产品与自己生活的关系,知道科技产品有利也有弊。	1. 能察觉到动植物的外形特征、习性与生存环境的适应关系。 2. 能发现常见物体的结构与功能之间的关系。 3. 能探索并发现常见的物理现象产生的条件或影响因素,如影子、沉浮等。 4. 感知并了解季节变化的周期性,知道变化的顺序。 5. 初步了解人们的生活与自然环境的密切关系,知道尊重和珍惜生命,保护环境。

(二)数学认知

目标1　初步感知生活中数学的有用和有趣

3—4岁	4—5岁	5—6岁
1. 感知和发现周围物体的形状是多种多样的,对不同的形状感兴趣。 2. 体验和发现生活中很多地方都用到数。	1. 在指导下,感知和体会有些事物可以用形状来描述。 2. 在指导下,感知和体会有些事物可以用数来描述,对环境中各种数字的含义有进一步探究的兴趣。	1. 能发现事物简单的排列规律,并尝试创造新的排列规律。 2. 能发现生活中许多问题都可以用数学的方法来解决,体验解决问题的乐趣。

目标2　感知和理解数、量及数量关系

3—4岁	4—5岁	5—6岁
1. 能感知和区分物体的大小、多少、高矮长短等量方面的特点，并能用相应的词表示。 2. 能通过一一对应的方法比较两组物体的多少。 3. 能手口一致地点数5个以内的物体，并能说出总数。能按数取物。 4. 能用数词描述事物或动作。如我有4本图书。	1. 能感知和区分物体的粗细、厚薄、轻重等量方面的特点，并能用相应的词语描述。 2. 能通过数数比较两组物体的多少。 3. 能通过实际操作理解数与数之间的关系。如5比4多1；2和3合在一起是5。 4. 会用数词描述事物的排列顺序和位置。	1. 初步理解量的相对性。 2. 借助实际情境和操作（如合并或拿取）理解“加”和“减”的实际意义。 3. 能通过实物操作或其他方法进行10以内的加减运算。 4. 能用简单的记录表、统计图等表示简单的数量关系。

目标3　感知形状与空间关系

3—4岁	4—5岁	5—6岁
1. 能注意物体较明显的形状特征，并能用自己的语言描述。 2. 能感知物体基本的空间位置与方位，理解上下、前后、里外等方位词。	1. 能感知物体的形体结构特征，画出或拼搭出该物体的造型。 2. 能感知和发现常见几何图形的基本特征，并能进行分类。 3. 能使用上下、前后、里外、中间、旁边等方位词描述物体的位置和运动方向。	1. 能用常见的几何形体有创意地拼搭和画出物体的造型。 2. 能按语言指示或根据简单示意图正确取放物品。 3. 能辨别自己的左右。

五、艺术

(一)感受与欣赏

目标1　喜欢自然界与生活中美的事物

3—4岁	4—5岁	5—6岁
1. 喜欢观看花草树木、日月星空等大自然中美的事物。 2. 容易被自然界中的鸟鸣、风声、雨声等好听的声音所吸引。	1. 在欣赏自然界和生活环境中美的事物时,关注其色彩、形态等特征。 2. 喜欢倾听各种好听的声音,感知声音的高低、长短、强弱等变化。	1. 乐于收集美的物品或向别人介绍所发现的美的事物。 2. 乐于模仿自然界和生活环境中有特点的声音,并产生相应的联想。

目标2　喜欢欣赏多种多样的艺术形式和作品

3—4岁	4—5岁	5—6岁
1. 喜欢听音乐或观看舞蹈、戏剧等表演。 2. 乐于观看绘画、泥塑或其他艺术形式的作品。	1. 能够专心地观看自己喜欢的文艺演出或艺术品,有模仿和参与的愿望。 2. 欣赏艺术作品时会产生相应的联想和情绪反应。	1. 艺术欣赏时常常用表情、动作、语言等方式表达自己的理解。 2. 愿意和别人分享、交流自己喜爱的艺术作品和美感体验。

（二）表现与创造

目标1　喜欢进行艺术活动并大胆表现

3—4岁	4—5岁	5—6岁
1. 经常自哼自唱或模仿有趣的动作、表情和声调。 2. 经常涂涂画画、粘粘贴贴并乐在其中。	1. 经常唱唱跳跳，愿意参加歌唱、律动、舞蹈、表演等活动。 2. 经常用绘画、捏泥、手工制作等多种方式表现自己的所见所想。	1. 积极参与艺术活动，有自己比较喜欢的活动形式。 2. 能用多种工具、材料或不同的表现手法表达自己的感受和想象。 3. 艺术活动中能与他人相互配合，也能独立表现。

目标2　具有初步的艺术表现与创造能力

3—4岁	4—5岁	5—6岁
1. 能模仿学唱短小歌曲。 2. 能跟随熟悉的音乐做身体动作。 3. 能用声音、动作、姿态模拟自然界的事物和生活情景。 4. 能用简单的线条和色彩大体画出自己想画的人或事物。	1. 能用自然的、音量适中的声音基本准确地唱歌。 2. 能通过即兴哼唱、即兴表演或给熟悉的歌曲编词来表达自己的心情。 3. 能用拍手、踏脚等身体动作或可敲击的物品敲打节拍和基本节奏。 4. 能运用绘画、手工制作等表现自己观察到或想象的事物。	1. 能用基本准确的节奏和音调唱歌。 2. 能用律动或简单的舞蹈动作表现自己的情绪或自然界的情景。 3. 能自编自演故事，并为表演选择和搭配简单的服饰、道具或布景。 4. 能用自己制作的美术作品布置环境、美化生活。

后记

年难留，时易损，一年的香港经历就这样结束了。

离别前夕，香港教育局质素保证及校本支援分部连同香港教育科学研究发展中心，于2017年8月1日为我们举办了“总结分享暨内地教师欢送会”。教育部港澳台事务办公室副主任王志伟先生、香港教育局首席助理秘书长（质素保证及校本支援分部）李美欢女士、中央人民政府驻港中联办教科部吴招胜先生、香港教育研究发展中心詹华军总监，以及各个学科的校本支援组总学校发展主任、高级发展主任等与会参加。他们依次给内地教师颁发了香港教育局感谢状、教育部港澳台事务办公室授予的优秀指导教师证书，以及班委工作感谢状。总结会上，我很荣幸地代表幼教组，向与会的领导、嘉宾及同事回顾了全组支援全港60所各类型幼儿园和幼儿学校的历程。幼教组与数学组、语文组及中学组由于工作内容不同，因此是四个学科组中支援学校最多的，占据全部支援学校的80%。幼教组每人平均每周的往返行程达200千米，一年下来，行遍香港十八区，真可谓“用脚丈量了香岛”。由于支援学校面广，幼教组与香港幼儿园结下了深厚的友谊，截至离港前的不完全统计，短短一年，由我们直接促成的内地赴港交流、访问的人数达到了100余人次，有20多所香港幼儿园参与其中。这份一年铸就的友谊还在不断延续，据悉，在未来的日子里，两地幼儿园还将会以“联谊校”“姐妹园”等形式保持长期的教育交流……

8月3日，当我拖着重重的行李，即将离开居住了一年的小屋登上赴关口的大巴时，脑海中如电影播放一般回顾一年的经历。初到香港，面对一个个陌生的校址，摸索着转乘各种交通工具到达遍布各区域的校园；为了能尽快听懂广东话，让香港老师可以用他们熟悉的语言流畅地表达专业体验，我在手机上下载十多个粤语学习App反复学习；走入校园，努力睁大眼并用心体会每所学校特有的人文氛围，每个细节都仔细观察，时刻告诫自己千万别做出与这个氛围格格不入的行为；面对一双双还不够信任的眼睛，绞尽脑汁地为学校和老师量身定制教研进阶计划，寻求适合的开展途径，以便能够尽快围绕重点项目开展课程创建与实施的研究……在这一年困难重重却要努力适应并力求突破的过程中，我的身体变得更结实，性格变得更坚毅，心胸变得更宽广，视野变得更开阔……

此时此刻，我也找到了写下此书的意义所在——总结这一年我做的影响我一生的事。我虽文笔浅薄，但我遵从我内心的感受，记录下这足以影响我一生的一年，记录下我对香港学前教育一年的观察与思考。尽管在撰写过程中，我也时常怀疑自己，我现在做的事有意义吗？然而这样的追问并没有答案。我想，我需要再等等、再等等，试着把人生的镜头拉得更远一些，试着通过一个更长的时间隧道来观望自己今天的行为，大概就能看到一个更清晰的自己，以及自己的成长。

最后，向关心和给予我此次一年赴港机会的浙江省教育厅、湖州市和吴兴区教育局表示衷心的感谢，对此书撰写过程中为我提供案例和资料的内地教师同行、香港教育局同仁，以及香港幼儿园的校长和老师们，表示衷心的感谢！

著　者

2017年8月3日深夜于深圳